幼儿园一日生活安全管理 口袋本

看得懂，做得会

李娟梅 许同昇 著

华东师范大学出版社
·上海·

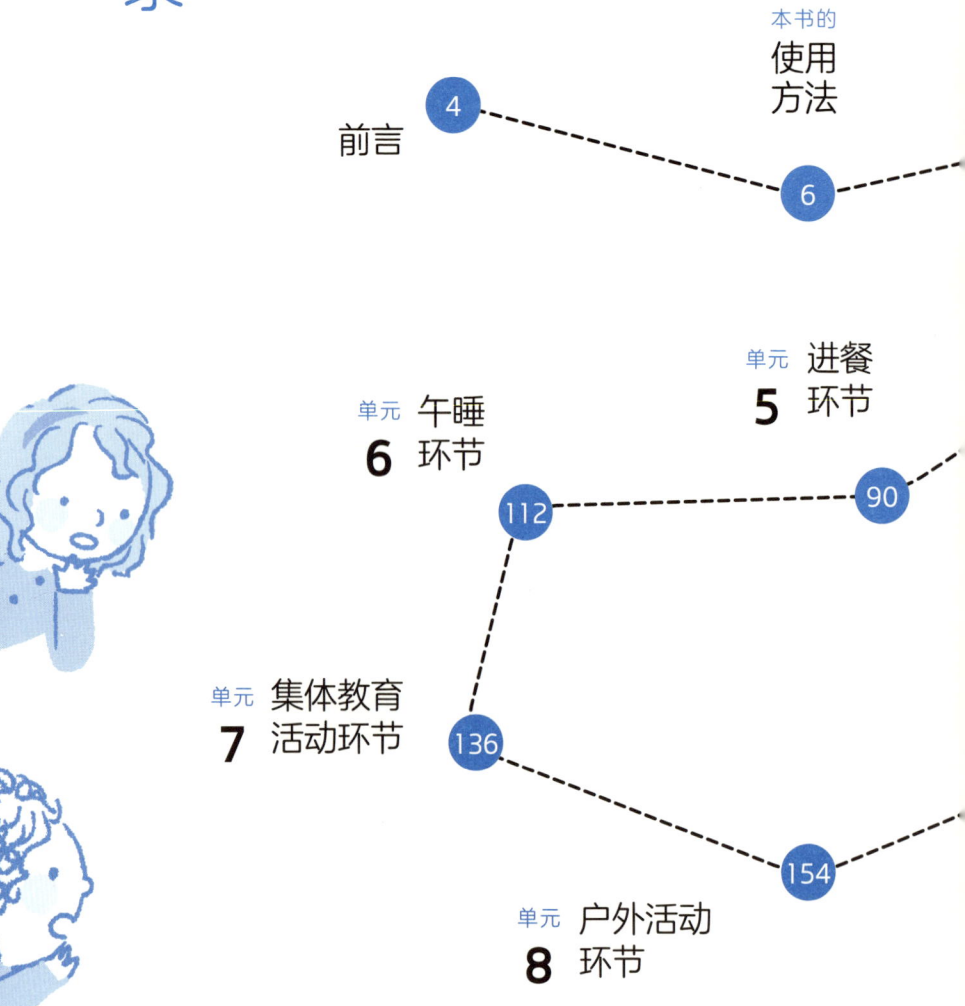

目录

前言 — 4

本书的**使用方法** — 6

单元 5　**进餐**环节 — 90

单元 6　**午睡**环节 — 112

单元 7　**集体教育活动**环节 — 136

单元 8　**户外活动**环节 — 154

单元 1　来园环节　12

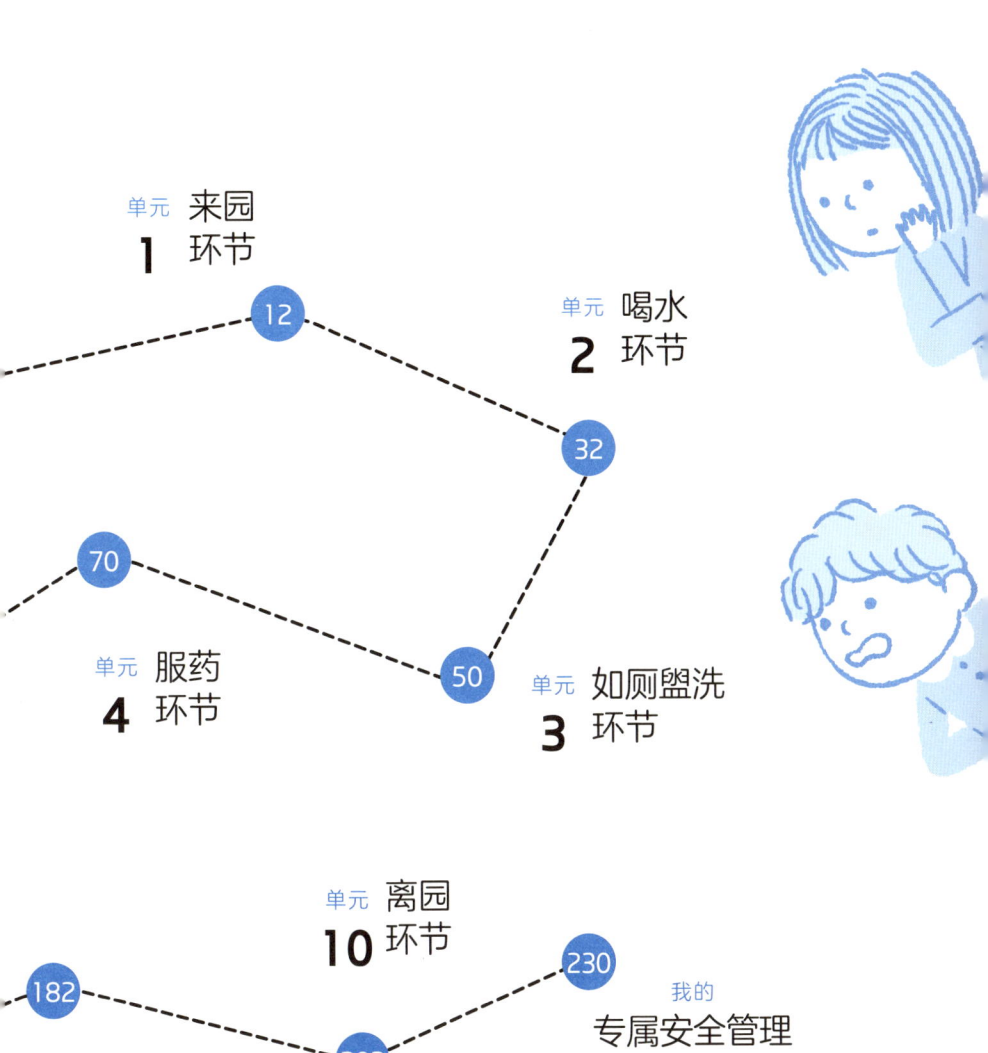

单元 2　喝水环节　32

单元 3　如厕盥洗环节　50

单元 4　服药环节　70

单元 9　区域活动环节　182

单元 10　离园环节　202

230　我的专属安全管理提醒表

前言

> 我对"安全"的理解就是幼儿园没有事故,孩子平平安安回家,老师高高兴兴下班。
>
> ——李娟梅

作为曾经的一名幼儿园园长,我在这个岗位上工作了近 30 年,这期间处理了许多起幼儿意外伤害事件。曾有一位老师问过我这样一个问题:"我认为自己对工作是认真负责的,但是我觉得孩子发生意外伤害是不可避免的。看到孩子在眼前摔倒,我根本来不及反应。"

那是一次因孩子摔倒造成骨裂的伤害事件。这位老师带着孩子们准备玩大型玩具,活动前她发现在两级台阶的连接处出现了一条裂缝。老师觉得问题不大,就没有停止活动,而是提醒小朋友们要注意。

华东师范大学出版社
幼师读物推荐

解决做什么

幼师口袋本系列
陆续推出

给新手教师一技傍身

★ 随身口袋本小尺寸，随时随地便捷使用
★ 即学即会的小技能，新手教师迅速掌握
★ 可视化内容，多视频多彩图，置身现场实地
★ 可书写设计，留下个性化的思考和实践反馈

指尖上的韵动：双人手指谣游戏口袋本（配套视频）

章丽 等主编　2019年2月出版

★ 40首原创歌曲音乐、40篇双人手指谣创编以及40个示范视频详解。

小天地大乾坤：幼儿园室内运动游戏口袋本

叶冠鸿／主编　2020年6月出版

★ 61个适合3-6岁幼儿的室内运动游戏设计，从儿童视角出发打造的适宜、可持续的室内运动环境。

唱起来，跳起来：音乐律动游戏口袋本（配套视频）

胡瑛婷／著　2020年6月出版

★ 30首原创儿童歌曲，有动听的旋律，有郎朗上口的歌词，有童真的意趣，再加上灵动的身体律动视频，给孩子带来音乐的启蒙与最初的审美趣味。

春夏秋冬玩不停：指尖艺术游戏口袋本（配套视频）

章丽 骆贵／主编　2022年11月出版

★ 本书在春夏秋冬4个单元中展示了多种运用手指、手掌进行艺术创意的活动，包含：手影创想、手型印画、手套创意、手指点画、手掌彩绘、指偶趣玩、指尖故事等，适合3-6幼儿单独或合作游戏。

看得懂，做得会——幼儿园一日生活安全管理口袋本

李娟梅 许同昇／著　2022年11月出版

★ 遵循"没有偶然的事故，只有可预防的伤害"观点，本书将儿童伤害预防理论知识与幼儿园一日生活进行了有机结合，把观念变成了可具体落实的行为。

解决怎么做

读图时代，专业知识也可以很好看

图解幼儿园系列
陆续推出

★ 化繁为简，提炼来自实践一线的精华
★ 用图表意，用视觉化助力阅读与理解
★ 以读促思，向资深同行学思维方式

孩子眼前一面墙——图解幼儿园班级主题墙的虚与实

崔岚 许玭 / 编著　2018 年 5 月出版

百余张彩色大图，200 多页细致解读，从孩子的视角思考环境，让教师不再彷徨无措
★ 上海幼教名师黄琼、应彩云、徐则民撰文推荐。
★ 一本书，决定一种思考方式；45 个案例，看懂孩子眼前的墙。

孩子的游戏百态——图解幼儿园自主性游戏指导的进与退

黄丽萍 / 著　2018 年 11 月出版

★ 以图解一二：精心选择幼儿园小、中、大班涉及角色游戏、表演游戏的典型案例 30 则，截取了游戏过程中最有价值的多个瞬间，以独创的"全图式"版式真实再现游戏现场。

图解幼儿园体验式家长会（配套卡片 U 盘）

匡欣 / 著　2017 年 8 月出版

★ 汇聚 30 余年幼教一线经验，经过 10 余年潜心研究，历经 40,000+ 幼教同仁验证，特级教师匡欣独创的体验式家长会变革了传统家长会模式，让家园合作更融洽，让教育更有效。
★ 最详尽的体验式家长会实施方案，提供 6 个学期的 12 堂主题家长会实录。

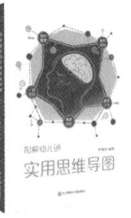

图解幼儿园实用思维导图

李继文 / 编著　2022 年 9 月出版

本书将思维导图这一工具推广、介绍给广大的幼儿教师并应用于幼儿园各项工作，使大家能迭代工作方式、提高工作效能、促进团队和个人成长。

为幼儿园的科学教育加点创意

给孩子的实验室系列
陆续推出

★ 2019 年度桂冠童书（科普百科类）
★ 2019 年上海市优秀科普图书
★ 2020 爱阅童书年度推荐

适用年龄 5+

厨房里的实验

提升学习力与专注力

自然里的实验

生活中的艺术

科学地做好幼小衔接

阶梯式数学思维游戏书（8 册）

[日]汐见稔幸/监修　[日]筱原菊纪/监修　思可教育/译
2021 年 1 月出版
源自日本知名数学教材出版社，日本幼儿教育专家监修，围绕数学、逻辑思维发展全脑，给孩子的第一次数学家庭课程。

古诗带你去探秘·美绘版（8 册）

DOWEL 东幻创作中心/编著　2020 年 6 月出版
融合风靡全球的 STEAM 理念的儿童古诗启蒙读物，
紧扣小学课本精心选取古诗，巧用视觉语言辅助理解记忆，
学习古诗+探索自然科学开启全新古诗学习模式！

幼小衔接 100 天

培生教育/编　2018 年 1 月出版
从 6 大范畴为入学提供准备：体能与健康、科学与技术、个人与群体、语文、数学、艺术，带领孩子展开全方位学习准备。

阅读树·幼小衔接绘本（5 册）+ 操作手册（2 册）

★华东师范大学学前教育系
幼小双师班共同研究开发

更多信息了解
扫码关注公众号

索要新书目
询问图书及培训信息
扫码加微信客服

结果，一个孩子穿着露脚趾的凉鞋，上台阶时脚正好卡进开裂的缝隙里，失去平衡摔在台阶上，造成了手臂骨裂。在全园大会上，园长点名批评了这位老师，说她没做好安全工作，出了安全事故，给幼儿园的声誉造成了影响。

老师对此感到非常委屈，于是问了我上面的问题，她又继续问："我已经对孩子进行了安全提醒，也在认真地看护孩子。到底要怎么做才能不出事故呢？"

这样的问题和困惑，我相信很多老师都有同感。老师们一定也经常听园长反复强调："老师们一定要做好安全工作，树立安全意识，保证幼儿安全。"可具体怎么做或做到哪种程度才算到位呢？我发现，现有的关于幼儿安全的书籍很少能给出过程性指导。因此，基于十多年来关于预防幼儿意外伤害事故的探索与经验，再结合许同昇老师从英国学习的项目管理方法和从全球儿童安全组织（Safe Kids Worldwide，以预防儿童伤害为目标的非营利性组织）学到的预防伤害理念，我和许同昇老师一起探讨策划并编写了这样一本可以边读边做的过程性指导手册，希望能对各位一线老师有所帮助。

本书的使用方法

　　致幼儿园的老师：你们每天和孩子们朝夕相处，是最终落实幼儿园日常安全管理的人。希望你们能够运用在本书中学到的方法，减少孩子发生意外伤害的可能性，更好地享受工作的快乐。

——许同昇

　　这是一本易于理解的指导手册，无论是一线城市的幼儿园老师，还是乡村的幼儿园老师，都能从中获得一定的帮助。我们将幼儿园的一日生活分为十大环节，每个环节的内容独立成一个单元，翻到任意单元，都能了解到针对特定环节发生的意外伤害的预防方法。每个单元都包含以下部分：

1. 记一记，安全管理重点

　　幼儿园中经常发生的意外伤害主要

有：跌倒、磕碰伤、划伤、烫伤、异物侵入等；还有一些事故一旦发生，后果严重，包括窒息、中毒、走失等。在每个单元的开始，会指出幼儿在本环节中最容易发生以及后果较为严重的意外伤害，帮助老师牢记安全管理重点。

2. 找一找，发现安全隐患

我们可以通过"扫描危险源"来发现安全隐患。危险源指的是老师和幼儿的不安全行为、物品的不安全状态、环境的不良因素和组织管理上的缺陷。对于文中提及的安全隐患，我们提供了若干被实践验证过的有效预防措施，同时区分了主班老师和配班老师的职责。通过落实具体措施，可以将隐患消灭在萌芽之中，防患于未然。

在我们所列的危险源之外，老师也可以对表格进行补充。

3. 用一用，安全小工具

这是一个百宝箱，里面有儿歌、表单范例、实物图片、使用规则、工作流程等具体实用的小工具，是对第 2 部分中"预防措施"

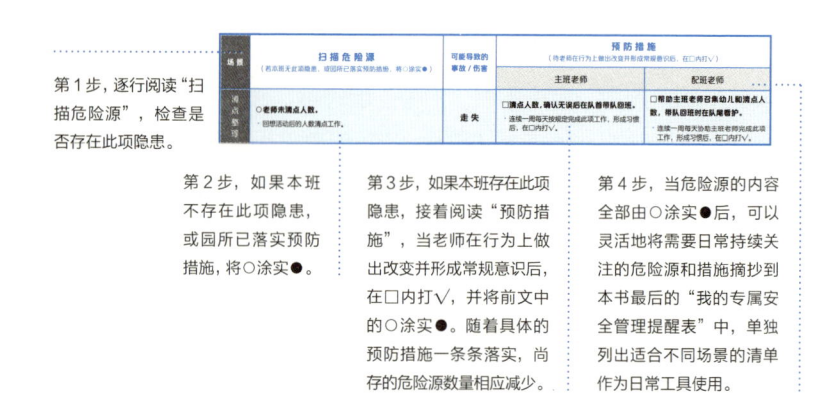

第1步，逐行阅读"扫描危险源"，检查是否存在此项隐患。

第2步，如果本班不存在此项隐患，或园所已落实预防措施，将○涂实●。

第3步，如果本班存在此项隐患，接着阅读"预防措施"，当老师在行为上做出改变并形成常规意识后，在□内打√，并将前文中的○涂实●。随着具体的预防措施一条条落实，尚存的危险源数量相应减少。

第4步，当危险源的内容全部由○涂实●后，可以灵活地将需要日常持续关注的危险源和措施摘抄到本书最后的"我的专属安全管理提醒表"中，单独列出适合不同场景的清单作为日常工具使用。

的补充，便于老师随时借鉴使用。

　　除此之外，还提供了主、配班老师共同阅读的事故案例。通过对这些曾经真实发生过的事故的分析和学习，老师可以了解幼儿容易在什么情况下发生意外伤害，并且了解到只要改变一个关键行为或落实一项预防措施，就有可能避免此类事故发生。

4. 谋一谋，跨部门协作

在落实部分预防措施时，需要全园统一协调与组织。因此，我们将可能涉及跨部门沟通协调的内容进行了梳理。我们也建议老师当工作遇到问题时，要及时向上级反馈，提出合理化建议，寻求跨部门的帮助。

5. 说一说，获得家长支持

培养幼儿的安全行为和习惯，需要家园共同配合。老师在落实安全预防措施的同时，可以在家长会上，或根据实际情况在日常交流时，邀请家长共同做好幼儿的安全教育和检查。获得家长主动的配合和支持可以让幼儿园里的安全工作事半功倍。

6. 做一做，安全小测试

当老师学习完本单元的主要内容后，就来到了"小测试"环节。我们编写了一些填空题和选择题，老师可以用它来自测，检查自己对本单元内容的掌握情况，同时也能帮助老师进行复习和巩固，加深印象。

7. 念一念，安全口令记心头

我们将本单元的要点浓缩成一小杯"精华"，也就是安全口令。老师默念安全口令，就像喝了一杯意式浓缩咖啡，把最重点的知识牢记在心。

对于刚开始工作的新老师，阅读这本书可以快速了解幼儿园一日生活中的安全管理要点，从源头消灭安全隐患。老师可以在工作中随身带着这本书，在需要时随时翻看。当需要跨部门的帮助，或需要家长配合工作并向他们提出具体要求时，也可以翻开这本书找到相应的方法和建议。

对于已有工作经验的成熟老师，这是一本能够帮助他们系统梳理安全管理工作的书。在日常已采取安全管理措施的基础上，可以结合本书的内容，形成一套适合本园本班的个性化安全管理方法和工具。

对于幼儿园的管理者，这是一本帮助厘清安全管理思路的书。通过这本书，园长可以从预防角度了解避免幼儿园里发生意外伤害事故的知识，以此为素材更好地完成全园安全工作的指导和培训，检查和改进本园的工作方式。

这本书还可以作为幼儿园开展一学年安全培训的教材，每个月学习一个单元的内容。每到月末，可以组织老师进行一次分享会，讨论在工作中如何落实这些安全管理措施，遇到了哪些问题，又采取了哪些解决方法。在互相分享中，每个人的安全意识和应对能力都能得到提升。

我们希望，通过阅读这本书，老师可以掌握预防幼儿发生意外伤害和事故的有效方法，降低对日常安全管理工作的焦虑，减轻心理压力。我们相信，只要结合幼儿园实际情况采取行动，就可以有效减少幼儿安全事故的发生。

来园环节

单元 1

幼儿园一日生活
安全管理口袋本

1 记一记，安全管理重点

预防走失

来园环节是幼儿在园一日生活的开始，也是幼儿园安全管理工作的第一关。有的家长赶时间，只把幼儿送到幼儿园大门口附近，还未与老师交接，就匆匆离开，可能导致幼儿没有顺利入园而独自在外玩耍的情况发生；另外，进到班里的幼儿，特别是新生和长期休假刚来园的幼儿，也可能出现因为想回家而趁老师不注意自己悄悄溜出班甚至走出幼儿园的情况。

预防带病入园

入园时，保健老师通常会在大门口进行晨检。当幼儿进入班级前，老师还会仔细观察每个幼儿是否有异常的身体症状，进行二次晨检。如果发现幼儿有异常的身体症状，老师要给予高度关注。

幼儿高高兴兴来园、平平安安回家是老师和家长共同的心愿。那么应该在来园环节中采取怎样的预防措施，以有效避免发生伤害呢？一起来学习本环节的安全管理策略吧！

2　找一找，发现安全隐患

场景	扫描危险源 （若本班无此项隐患，或园所已落实预防措施，将○涂实●）	可能导致的 事故/伤害
来园交接	○家长未和老师手递手交接幼儿，让幼儿独自入园。 ・回想本班幼儿来园时的交接情况。	走失
来园交接	○交接幼儿药品时家长未登记。 ・回想本班幼儿的药品交接情况。	中毒
来园交接	○老师长时间和家长交流，未关注班里幼儿情况，个别幼儿溜出教室。 ・回想本班的晨间家长接待工作。	走失

预防措施

（待老师在行为上做出改变并形成常规意识后，在□内打√）

主班老师	配班老师
□ 要求家长送幼儿时要亲自与老师手递手交接，并做好接送卡交换或刷卡记录，完成交接后再离开。 · 与配班老师一起阅读学习案例"家长未与老师交接，孩子险些被拐走"（第20页）。 · 若家长与老师是在园门口交接，寻求跨部门协作以落实监管无死角（第23页）。 · 连续一周做好手递手交接，形成习惯后，在□内打√。	□ 对陆续来园的幼儿，指导或帮助幼儿做好衣服、书包整理工作；配合主班开展晨间活动。 · 连续一周协助主班老师做好此项工作，形成习惯后，在□内打√。
□ 幼儿的药品要由家长亲自交给主班老师，并提前填写服药委托单，老师要进行核对。更多内容参见"服药环节"单元（第70页）。 · 连续一周在交接药品时有意识地核对服药委托单，形成习惯后，在□内打√。	□ 熟知幼儿药品的交接流程和要求。 · 熟悉并掌握此项工作后，在□内打√。
□ 与家长交流时既要热情又要简短，将家长嘱托的事情记在本上或请家长写在留言条上，之后整理抄写在班级信息板上；如果需要长时间交流，可与家长商定另约谈话时间。 · 使用安全小工具"班级信息板"来记录相关信息（第18页）。 · 若没有班级信息板，寻求跨部门协作，进行采购和配置（第23页）。 · 连续一周每天有意识地控制与家长的晨间交流时间，形成习惯后，在□内打√。 · 获得家长支持：入园时简短交代信息（第25页）。	□ 看护已经进班的幼儿，随时清点人数，重点关注新生、长期没来园、情绪低落或哭闹的幼儿。 · 连续一周每天清点人数，形成习惯后，在□内打√。

场景	扫描危险源 （若本班无此项隐患，或园所已落实预防措施，将○涂实●）	可能导致的 事故/伤害
来园检查	○幼儿带病入园，身体有异常症状。 ·回想本班幼儿来园时的情况。	其他伤害
	○幼儿带硬币、小刀片、药片等危险的物品入园。 ·回想本班幼儿来园时的情况。	其他伤害
	○幼儿衣服上有帽衫拉绳和小珠子等装饰品。 ·回想本班幼儿的日常着装情况。	勒伤 异物侵入
	○来园环节结束时，未清点出勤幼儿总数。 ·回想本班幼儿的人数清点工作。	走失

预 防 措 施	
（待老师在行为上做出改变并形成常规意识后，在□内打√）	
主班老师	配班老师
□要求家长送幼儿时要亲自与老师手递手交接，并做好接送卡交换或刷卡记录，完成交接后再离开。 ·与配班老师一起阅读学习案例"家长未与老师交接，孩子险些被拐走"（第20页）。 ·若家长与老师是在园门口交接，寻求跨部门协作以落实监管无死角（第23页）。 ·连续一周做好手递手交接，形成习惯后，在□内打√。	□组织晨间活动时，注意观察幼儿状态。发现幼儿有异常状况，主动和主班老师汇报。 ·连续一周协助主班老师进行二次晨检，形成习惯后，在□内打√。
□幼儿进班时，老师可以用抱一抱的迎接方式，检查幼儿的手和口袋，若发现危险的物品要交还给家长或由老师收走代管。 ·与配班老师一起阅读学习案例"孩子兜里藏凶器"（第21页）。 ·连续一周每天进行检查，形成习惯后，在□内打√。 ·获得家长支持：来园前检查幼儿有无携带危险物品（第26页）。	□留意幼儿手里或书包里有无危险的物品。 ·连续一周每天进行检查，形成习惯后，在□内打√。
□进班前检查幼儿的服装：脖颈处不能有长拉绳，衣服上不能有容易脱落的小珠子、小亮片等装饰品，鞋子大小要合脚。如不符合安全要求，请家长给幼儿及时更换。 ·与配班老师一起阅读学习案例"裤子拉链卡住男童下体"（第22页）。 ·连续一周每天进行检查，形成习惯后，在□内打√。 ·获得家长支持：检查并调整幼儿的着装（第27页）。	□协助主班老师检查幼儿着装，发现问题及时与主班老师沟通。 ·连续一周协助主班老师检查幼儿着装，形成习惯后，在□内打√。
□在规定的入园时间结束后，清点来园幼儿的人数并告知班内其他老师，了解未出勤幼儿的情况并追访。 ·连续一周每天进行人数清点，形成习惯后，在□内打√。 ·获得家长支持：及时向老师告知请假信息（第27页）。	□协助主班老师核对来园幼儿总数。 ·连续一周协助主班老师清点幼儿人数，形成习惯后，在□内打√。

／来园交接／

／来园检查／

3　用一用，安全小工具

01／　班级信息板

　　使用班级信息登记板，老师将来园交接时家长的嘱托和需要在离园时沟通的事项，记录在信息板上，以提醒本班全体老师注意。

02 / 教师二次晨检

一摸：摸摸幼儿的手和口袋，防止细小尖锐的物品以及药品进入班级。

二看：观察幼儿的身体和精神状态，检查确认皮肤无外伤、指甲长短合适。

三问：询问家长有没有需要特别嘱托的事情。了解幼儿哭闹的原因，排除身体不舒服的情况。

四查：使用"幼儿安全着装检查表"进行检查。

幼儿安全着装检查表

安全隐患	可能导致的伤害	安全着装建议
○佩戴皇冠、项链、手链、戒指、耳夹等首饰和有金属装饰的发卡	划伤、勒伤	不佩戴皇冠、项链等饰品
○衣服上有小珠子、小亮片，鞋子上有铆钉	异物侵入、划伤	服装样式简洁，不带装饰物
○服装脖颈处有拉绳，裤子门襟有拉链	勒伤、夹伤	宜穿运动衣裤，上衣无长绳带，裤子无拉链
○穿不便于运动的吊裆裤、紧身裤、过脚踝的长裙	摔倒	裤子长短应合适，宽松或有弹性；裙子宜长到膝盖处
○穿大小不合脚的鞋子，或高跟鞋、洞洞鞋、露脚趾的凉鞋	摔倒	鞋子大小应合适，选择运动鞋或休闲鞋为宜，凉鞋要包头不露脚趾

03 / 可以避免的伤害
—— 真实发生过的案例

家长未与老师交接，孩子险些被拐走

2013 年 10 月，北京某幼儿园大班，明明的爸爸因为着急上班，就把明明只送到幼儿园大门附近，告诉明明自己入园后就匆忙离开了。爸爸离开后，明明想要回家于是没有进幼儿园，而是往家的方向走。在走到一个地下通道时，一个陌生男子拦住明明并拉起他的手，企图把明明带走。这时同班一名家长路过，看到明明被陌生人拉着手，还是往幼儿园的反方向走，觉得情况可疑，便上前拦住询问。陌生男子回答不上来，觉得自己暴露了，于是丢下孩子逃跑了。

▼ **提醒** 家长与老师手递手交接幼儿是十分必要的流程，老师要提醒家长，一定要亲手把幼儿递到老师手中后再离开。

孩子歪脖来，险些致瘫痪

2016 年 5 月，北京某幼儿园的王园长在周一早上巡班进到大一班时，发现一位叫豆豆的男孩，歪着脖子向园长妈妈问好，孩子的奇怪姿势

引起王园长的注意。她马上询问主班丁老师，孩子来园时家长有无交代脖子歪的原因。丁老师说，孩子早上来园时就已经是这样，家长说估计是睡觉时落枕了，没有什么大问题，让老师多关注一点就行。王园长听到后，告诉老师现在立即联系家长，请家长赶快带孩子去医院检查。经医生诊断，豆豆脖子歪的原因不是落枕，而是寰枢椎半脱位。

医生指出，寰枢椎半脱位的幼儿如果摔倒了或成人用不恰当的手法对其进行治疗，如按摩或试图扭转幼儿头部，会加重寰枢椎半脱位，严重的可能造成瘫痪甚至死亡。

▶ **提醒** 老师要重视二次晨检工作，仔细观察幼儿的身体和精神状态。当发现存在异常情况或症状时，老师不能自己动手治疗，应及时通知保健老师，联系家长前往医院检查。

孩子兜里藏凶器

2013年3月，广东某幼儿园的一名幼儿在来园前，看到爸爸把刮胡子的小刀片遗忘在洗手池边上，于是悄悄地把小刀片放在衣兜里，打算带到幼儿园里去玩。入园晨检时，老师没有检查幼儿的衣服口袋，结果小刀片就被带进了幼儿园。户外做操时，这名幼儿趁老师不注意，拿出小刀

▶ **提醒** 二次晨检时，老师要对幼儿的手和衣服口袋进行检查。同时，也要提醒家长在幼儿来园前，看看他们书

包和兜里有没有危险的物品。

片捏在手里玩，在做挥手动作时，一下划到旁边小朋友的脸上。受伤的幼儿被立即送往医院，脸上缝了 5 针。

裤子拉链卡住男童下体

▎**提醒** 老师要提醒家长，不建议给幼儿穿门襟带拉链的裤子。在给幼儿选择衣服款式时，家长要考虑安全性和方便性。

　　2017 年 8 月，福建一名 5 岁男孩穿着有拉链的裤子来到幼儿园。当他小便后拉裤子拉链时，下体不小心被拉链卡住，疼得哇哇大哭。老师赶忙通知孩子妈妈并立即带孩子去医院。医生检查后发现拉链太紧，没有可用的工具，自己束手无策，只好求助于消防队。消防队员赶到后，用小钳子非常小心地一点一点拆拉链头，足足用了 15 分钟才拆下来。经过医生检查，孩子只受了一些皮外伤，幸运地没有造成严重后果。

4　谋一谋，跨部门协作

入园环节人员安排

在早晨来园时段，如果安排老师在大门口与家长进行交接，由幼儿自己走进班，那么楼道和楼梯处需要增派老师值守看护。

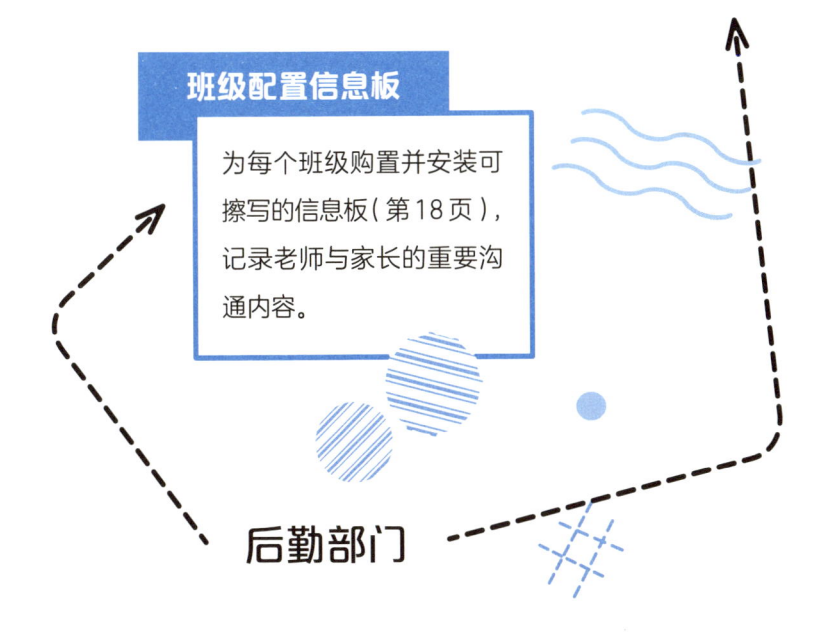

班级配置信息板

为每个班级购置并安装可擦写的信息板（第18页），记录老师与家长的重要沟通内容。

后勤部门

5 说一说，获得家长支持

在家长会或日常交流时，老师可以根据本班实际情况与家长进行以下

沟通与提醒

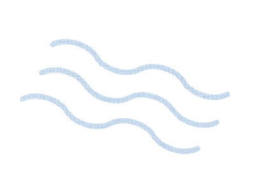

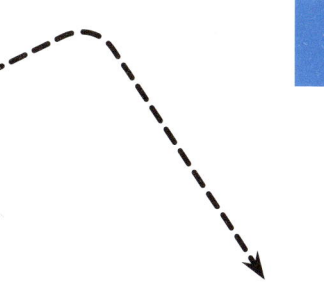

入园环节简洁交流

早晨来园时老师的工作量比较大，请家长简短交代幼儿的相关信息。对于需要长时间或深入沟通的事情，家长可以与老师另约时间。

交接时主动告知

如果幼儿当日身体不适、精神不振或身体有一些小异常，请家长主动告知班级老师，以便给予特别关注。

沟通与提醒（续）

在家提前检查

请家长在家提前检查幼儿的衣服口袋和书包，避免幼儿把小珠子、小硬币等细小物品、尖锐物品或药品带入幼儿园。

单元1 来园环节 27

配合着装要求

向家长提出幼儿在园的着装要求,发放"幼儿安全着装检查表"(第19页),请家长了解并配合调整幼儿在园的着装。

及时请假

当幼儿因家里临时有事或当天身体不适而无法按时来园时,家长应及时向老师请假。

6 做一做，安全小测试

01 / 安全小填空

- 幼儿入园时，家长与老师要_____交接幼儿，防止幼儿走失。

- 对于已经进班的幼儿，老师要随时_____，重点关注新生、长期没来园、情绪低落或哭闹的幼儿。

- 在二次晨检中，老师要检查幼儿的_____和_____以及书包里是否有危险物品和药品。

- 老师要仔细观察幼儿的_____和_____状态，发现有异常情况应及时询问家长原因或通知保健老师，不要_____采取措施。

- 对当日未出勤又没有请假的幼儿，老师要_____了解原因并_____。

02 / 安全小选择

- 在幼儿来园时，你发现莎莎脖子一直偏向一侧。这时候你应该_____。

    A. 联系保健老师，通知家长去医院检查
    B. 让幼儿坐在一边，自己帮幼儿轻轻揉一揉
    C. 什么都不做，等晚上离园时再告诉家长

- 小美穿着帽衫来幼儿园，帽衫上有两根长长的拉绳，尾部还有两个毛球。这时候你应该_____。

    A. 把小美的帽衫拉绳盘成团，放到后面的帽子里
    B. 告诉家长这样的衣服不适合幼儿在园活动，让小美换上一件备用服装穿
    C. 不做任何处理，正常活动

- 早晨入园时，亮亮妈妈想详细了解亮亮哭着不想来幼儿园的原因。这时你应该_____。

    A. 仔细回忆幼儿在园的情绪和表现，耐心地给亮亮妈妈解答
    B. 了解家长的想法后，与家长约定放学后沟通
    C. 让亮亮妈妈别想太多，简单回答一下

默念安全口令 牢记预防要点

交接幼儿手递手,
二次晨检不能漏。

先查手部和兜口,
再看鞋子和衣裤。

幼儿带药记录全,
把好入园第一关。

单元1 来园环节　31

预防走失

预防带病入园

喝水环节

单元 2

幼儿园一日生活
安全管理口袋本

1 记一记，安全管理重点

预防烫伤

没有配备恒温直饮机的幼儿园通常都有打热水晾凉这一工作内容。如果老师端着刚打好的开水，在行走过程中没有躲避活动中的幼儿，被幼儿不小心撞到，或者打来的开水没有降温就给幼儿喝，都会造成幼儿烫伤。

预防滑倒

幼儿在喝水时，有的喜欢把杯子中的水接得满满的；有的喜欢拿着接了水的杯子边走边喝。这时如果他们不小心撞到其他小朋友，或者撞到桌子等物品上，会将杯子中的水洒到地上。若踩到地面上的水，幼儿非常容易滑倒。

幼儿会在老师的安排下定时喝水，也会在感到口渴时随时喝水，每天会喝水很多次。那么应该在饮水环节中采取怎样的预防措施，以有效避免发生伤害呢？一起来学习本环节的安全管理策略吧！

2　找一找，发现安全隐患

场景	扫描危险源 （若本班无此项隐患，或园所已落实预防措施，将○涂实●）	可能导致的 事故/伤害
喝水准备	○老师打热水的容器没加盖子，被幼儿撞到。 ·检查打热水的容器。	烫伤
	○幼儿喝水前未检查水温。 ·回想本班幼儿的喝水情况。	烫伤

预 防 措 施

（待老师在行为上做出改变并形成常规意识后，在□内打√）

主班老师	配班老师
□教育幼儿看到老师拿着热水壶时，要离老师远一些，避免烫伤。 · 与配班老师一起阅读学习案例"热水桶没加盖，轩轩被烫伤"（第39页）。 · 和幼儿开展相关主题的讨论与教育活动后，在□内打√。	□老师打完热水回班时，水壶或水桶要盖好盖子，并注意躲避幼儿。 · 若打热水的容器没配盖子，或使用的是易爆的玻璃内胆暖水瓶，寻求跨部门协作，请后勤部门提供支持（第41页）。 · 连续一周为热水容器盖好盖子，路上主动避开孩子，形成习惯后，在□内打√。
□老师教会幼儿判断水温的方法，喝水前先用嘴唇轻轻试温，感觉不烫后再大口喝水。 · 与配班老师一起阅读学习案例"梨水未降温，孩子被烫伤"（第39页）。 · 和幼儿开展过相关主题的讨论与教育活动后，在□内打√。 · 获得家长支持：在家培养幼儿喝水前主动试水温的习惯（第45页）。	□在幼儿喝水前把热水降温，确认水温合适后，再给幼儿饮用。 · 连续一周每天主动做好此项工作，形成习惯后，在□内打√。

〈喝水准备〉

〈喝水看护〉

场景	扫描危险源 （若本班无此项隐患，或园所已落实预防措施，将○涂实●）	可能导致的 事故/伤害
喝水看护	○幼儿同时去接水，出现拥挤。 ·回想本班幼儿喝水时的秩序。	磕碰
	○幼儿拿着水杯边走边喝。 ·回想本班幼儿喝水时的行为。	跌倒
	○水接得过满或甩着手送水杯，把水洒在地上。 ·回想本班幼儿的行为。	滑倒
	○老师用的暖瓶和水杯放在幼儿能摸到的地方。 ·检查本班老师用的暖瓶和水杯的摆放位置。	烫伤

预防措施

（待老师在行为上做出改变并形成常规意识后，在□内打√）

主班老师	配班老师
□组织幼儿分组接水，控制接水区域的幼儿数量。 · 喝水前，可以和幼儿一起朗诵儿歌。参考"喝水提醒小儿歌"（第38页）。 · 连续一周每天对幼儿分组，形成习惯后，在□内打√。	□配合主班老师，维持幼儿接水时的秩序。 · 配合主班老师，连续一周主动做好此项工作后，在□内打√。
□划定喝水区域，教导幼儿喝水时站好或坐好，喝完水后再离开。 · 划定喝水区域，和幼儿开展相关主题的讨论与教育活动后，在□内打√。 · 获得家长支持：在家培养幼儿坐好喝水的习惯（第45页）。	□配合主班老师，培养幼儿正确的喝水行为。 · 配合主班老师，主动做好此项工作后，在□内打√。
□教导幼儿每次只接多半杯水，喝完再接，取送水杯时要双手端杯。 · 和幼儿开展相关主题的讨论与教育活动后，在□内打√。	□关注幼儿的接水量并做到随时提醒，发现地面有水时及时擦干。 · 连续一周每天做好此项工作，形成习惯后，在□内打√。

□老师给自己倒热水时，注意避开幼儿，喝完水后，把水杯放回指定位置，确保幼儿拿不到。
· 主、配班老师共读此条，达成共识后，在□内打√。
· 主、配班老师一起阅读学习案例"被热茶烫伤的佳佳"（第40页）。
· 若老师水杯没有固定的放置位置，寻求跨部门协作，请后勤部门提供支持（第43页）。

〈喝水准备〉

〈喝水看护〉

3 用一用，安全小工具

01 / 喝水提醒小儿歌

在幼儿喝水前，可以带领他们一起朗诵儿歌，提醒他们喝水前要试一试水温和安全喝水的方式。

小朋友，爱喝水，
先后有序去接水，
杯子对准出水口。
试水温，轻轻吹，
双手端杯不洒水，
慢慢喝完杯中水。

02 / 可以避免的伤害
—— 真实发生过的案例

▶ **提醒** 老师要给盛热水的容器盖好盖子，在打开水的过程中要注意躲避幼儿。同时也要明确告诉幼儿，看到提着水壶或水桶的老师要离远一些。

热水桶没加盖，轩轩被烫伤

2018年5月的一天早晨，河北某幼儿园的刘老师拎着刚打好开水没加盖的热水桶准备回班。当她走到班级门口时，听见身后有孩子喊她，同时她的胳膊被猛地撞了一下，热水桶里的热水溅了出来，然后就听到孩子大哭。刘老师回头一看，是自己班刚来园的轩轩，因为热水桶没有加盖，孩子的小手被溅出的热水烫红了一片。

梨水未降温，孩子被烫伤

2015年6月，陕西某幼儿园小一班的配班王老师从食堂打回梨水，准备等孩子们起床后给她们喝。她发现今天打回的梨水还很烫，就把水放在备课室降温。这时后勤主任来找王老师去趟办公室，王老师走得匆忙，没跟新来的主班李老师交代梨水烫的情况。

> **提醒** 幼儿喝水前，老师一定要先试水温。若水温合适，再组织幼儿喝水，避免发生烫伤。

孩子们起床后，李老师组织孩子们喝梨水，她看到水壶没放在往常的位置，就在班上到处找，结果发现水壶被放在了备课室里。她没有事先试水温，直接招呼幼儿拿着水杯过来接水。在接水时，琳琳手没拿稳水杯，导致水杯里的热梨水洒在了她的脚面上。她马上哭了起来，她的脚面被烫伤了。

> **提醒** 老师用的暖水瓶和水杯要放在教室里的指定位置，距离幼儿高且远，避免幼儿拿到。

被热茶烫伤的佳佳

2014年1月，河北某幼儿园的丁老师将沏好的一杯热茶，放在教室内老师备课桌的桌角上。4岁的佳佳因为好奇老师杯子上的图案，就用手去拿，结果一下子把杯子打翻了，热茶洒在了佳佳的前胸上，造成她严重烫伤。

4　谋一谋，跨部门协作

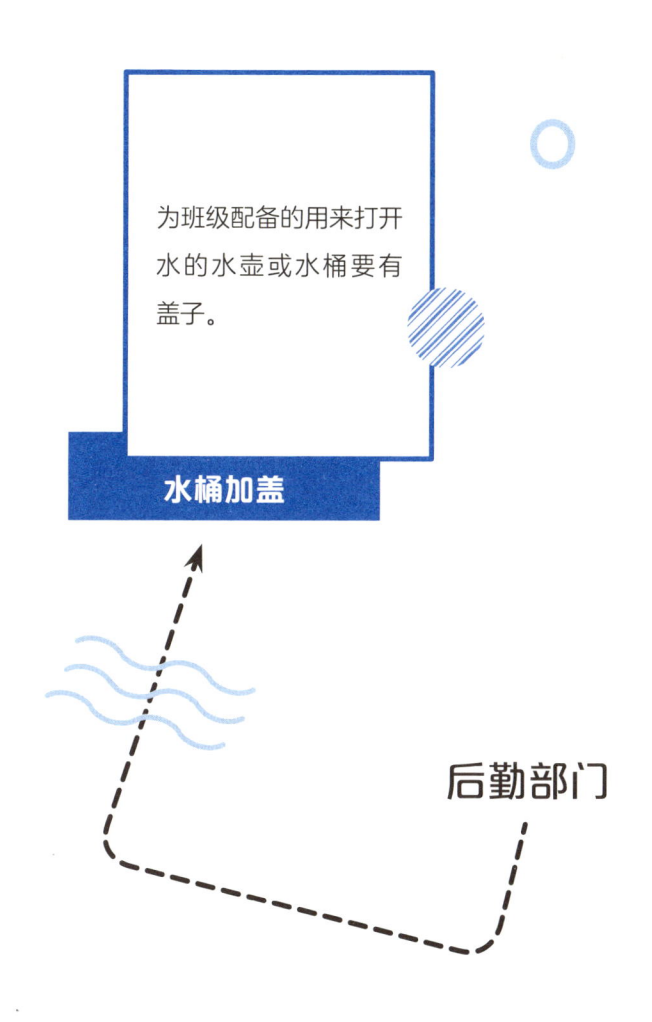

水桶加盖

为班级配备的用来打开水的水壶或水桶要有盖子。

后勤部门

后勤部门（续）

排查保温瓶

将玻璃内胆的保温瓶换成不锈钢内胆的保温瓶。

安排固定位置

在每个班级的教室里都要选定一处供老师摆放水杯的固定位置，该位置远离幼儿频繁活动的区域，且需确保幼儿够不到。如有需要，可以在教室墙壁上加装托板。

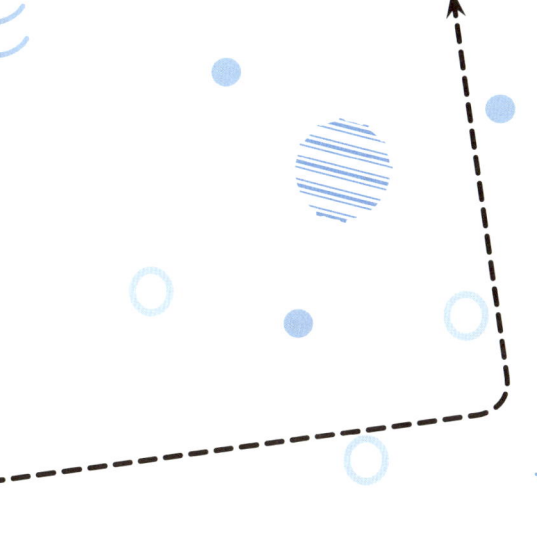

5 说一说，获得家长支持

在家长会或日常交流时，老师可以根据本班实际情况与家长进行以下

沟通与提醒

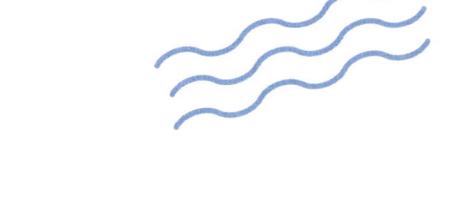

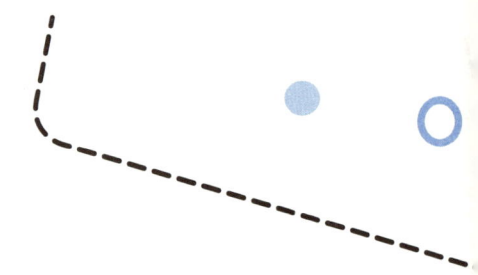

养成试水温习惯

培养幼儿在喝水前用嘴唇轻轻触碰判断水温的习惯，减少热水烫伤口腔的情况发生。

纠正危险行为

教导幼儿喝水时要安静地站好或坐好，纠正幼儿拿着水杯边走路边喝水的行为，并告诉孩子这样做可能被水呛着或被东西绊倒，一定要喝完水再走路。

6　做一做，安全小测试

01／　安全小填空

- 老师打完热水回班时，水壶或水桶要_____盖子，并注意_____幼儿，避免造成烫伤。

- 在幼儿喝水前要对热水进行_____，确认_____合适后，再给幼儿饮用。

- 老师要组织幼儿_____接水，控制接水区域里幼儿的_____。

- 划定_____，教导幼儿喝完水后再_____，不能拿着水杯边走边喝。

- 老师在组织幼儿喝水的过程中，若发现地面有水需及时_____。

02 / 安全小选择

- 幼儿结束户外活动回到班级，准备喝水。这时你要求他们_____。

    A．分组排队，依次接水
    B．同时去取杯子接水
    C．接好水的幼儿随意找地方喝水

- 进班前，你在自己的水杯中泡了热茶。进班后，你需要把杯子_____。

    A．打开盖子后放在分餐桌上，降水温
    B．放在手边，随时喝一口
    C．放在教师水杯的指定区域

- 炎炎夏日，幼儿出了很多汗。在他们喝水时，你应该_____。

    A．要求每人都接满一大杯水，必须喝完
    B．指导幼儿先盛半杯水，不够再接
    C．对幼儿的喝水量不做要求，让他们随意喝

答案：
黑板、菜谱、屉盘、水瓶、分组、水壶、喝水区域、轻柔、举止
B
C
A

默念安全口令
牢记预防要点

水温适宜防烫伤，
喝水常规重培养。

擦干地面防滑倒，
小心谨慎错不了。

教师水杯放妥当，
孩子安全有保障。

单元2 喝水环节 49

预防烫伤

预防滑倒

如厕盥洗环节

单元 3

幼儿园一日生活
安全管理口袋本

1 记一记，安全管理重点

预防滑倒　　盥洗室和卫生间是有水的环境，有的幼儿在盥洗时，无意中把手上的水甩到地面上；有的幼儿在如厕时，不小心把尿液溅到便池外的地面上。这些情况都会造成地面湿滑，幼儿行走在这样湿滑的地面上，很容易滑倒。

预防磕碰　　班级里的盥洗室和卫生间的空间一般比较小，如果老师组织不当，幼儿同时如厕和洗手，容易出现拥挤打闹的情况，很可能会撞到便池、洗手盆、台阶等硬物上，造成磕碰。

如厕和盥洗不同于其他环节，每天都要重复进行至少十次以上。那么应该在如厕盥洗环节中采取怎样的预防措施，以有效避免发生伤害呢？一起来学习本环节的安全管理策略吧！

2 找一找,发现安全隐患

场景	扫描危险源 (若本班无此项隐患,或园所已落实预防措施,将○涂实●)	可能导致的 事故/伤害
组织看护	○ 幼儿拥挤在一起或互相打闹。 · 回想本班幼儿如厕盥洗时的秩序。	磕碰
	○ 老师站位有盲区,幼儿脱离视线。 · 检查本班老师的分工与站位。	磕碰

预防措施

（待老师在行为上做出改变并形成常规意识后，在□内打√）

主班老师	配班老师
□**根据便池和水龙头数量，分组组织幼儿如厕和盥洗。** · 根据本班情况，规划幼儿的行走路线和间隔距离，参考安全小工具"幼儿站位小脚印"（第58页），在地上贴上标识。 · 与配班老师一起阅读学习案例"如厕人数多，老师看护出疏漏"（第60页）。 · 连续一周每天主动分组组织幼儿，形成习惯后，在□内打√。	□**注意维持秩序，提醒幼儿相互之间保持距离。** · 连续一周每天主动关注幼儿行为，形成习惯后，在□内打√。
□**负责看护没有去如厕盥洗以及如厕盥洗回来的幼儿。** · 与配班老师一起阅读学习案例"老师未看护，孩子磕伤下巴"（第60页）。 · 与配班老师做好分工配合，确定各自站位，以确保所有幼儿都在视线范围内后，在□内打√。	□**负责看护如厕盥洗区域内的幼儿，重点关注台阶区域。** · 与主班老师做好分工配合，确定各自站位，以确保所有幼儿都在视线范围内后，在□内打√。

〈组织看护〉

〈组织如厕〉

〈组织盥洗〉

场景	扫描危险源 （若本班无此项隐患，或园所已落实预防措施，将○涂实●）	可能导致的 事故/伤害
组织如厕	○幼儿小便溅到地上，未及时擦干。 ·回想本班幼儿的情况。	滑倒
	○大中班男女孩未分开如厕。 ·回想本班男女孩分组如厕的情况。	其他伤害
	○清洁或消毒用品混用（如84消毒液与洁厕灵混用）。 ·回想本班清洁品的使用情况。	中毒
	○清洁和消毒用品随手放。 ·检查本班清洁品的存放情况。	灼伤

预 防 措 施	
（待老师在行为上做出改变并形成常规意识后，在□内打√）	
主班老师	配班老师
□教导幼儿正确的如厕方法：如厕时靠近并对准便池，看到地上有水或尿到地面时要及时告诉老师。 · 和幼儿开展相关主题的讨论与教育活动后，在□内打√。	□看护幼儿如厕时，发现地面有尿液，提醒幼儿绕开，并马上擦干。 · 连续一周每天主动做好此项工作，形成习惯后，在□内打√。
□如厕时，对男孩和女孩进行分组，分开如厕。 · 落实此项工作后，在□内打√。 · 获得家长支持：同步对幼儿进行性别教育（第65页）。	□提醒幼儿按性别分开如厕。 · 配合主班老师，落实要求后，在□内打√。
□严格落实要求并提醒配班老师：清洁或消毒用品不能混用。 · 与配班老师共读此条，落实要求，形成常规意识后，在□内打√。	□严格落实清洁或消毒用品不能混用的要求，用完一种并冲洗干净后再用下一种。 · 与主班老师共读此条，落实要求，形成常规意识后，在□内打√。
□严格落实要求并提醒配班老师：清洁和消毒用品用完放回固定位置。 · 与配班老师共读此条，落实要求，形成常规意识后，在□内打√。	□严格落实要求，清洁和消毒用品用完后，需拧紧瓶盖放回固定位置，再做其他事情。 · 若班内没有固定的存放位置，或位置较低且没有锁，寻求跨部门协作，请后勤部门提供支持（第63页）。 · 与主班老师共读此条，落实要求，形成常规意识后，在□内打√。

场景	扫描危险源 （若本班无此项隐患，或园所已落实预防措施，将○涂实●）	可能导致的事故/伤害
组织盥洗	○洗手时水溅到地上，未及时擦干。 ·回想本班幼儿的情况。	滑倒
	○洗手的热水温度过高。 ·检查热水器设置的温度。	烫伤

预防措施

（待老师在行为上做出改变并形成常规意识后，在□内打√）

主班老师	配班老师
□ **教导幼儿正确的洗手方法，洗完手后双手合十，把水甩在水池里。** · 在盥洗池旁张贴如何正确洗手的图示，可以参考安全小工具"七步洗手法"（第58页）。 · 洗手前，可以和幼儿一起朗诵儿歌，参考"洗手小儿歌"（第59页）。 · 与配班老师一起阅读学习案例"晨晨在盥洗室滑倒"（第61页）。 · 和幼儿开展相关主题的讨论与教育活动后，在□内打√。 · 获得家长支持：同步养成幼儿正确的洗手习惯（第65页）。	□ **幼儿盥洗前后检查地面无水渍；看护幼儿盥洗时，提醒幼儿按要求洗手。发现地面有水渍，提醒幼儿小心，并马上擦干。** · 若卫生间和盥洗室的地面不防滑，寻求跨部门协作，请后勤部门提供支持（第63页）。 · 连续一周每天主动做好此项工作，形成习惯后，在□内打√。

□ **热水器设定的温度不宜超过40℃，不可随意调高。**
· 主、配班老师共读此条，落实要求后，在□内打√。

/组织看护/ /组织如厕/ /组织盥洗/

3 用一用，安全小工具

01 / 幼儿站位小脚印

在洗手的地方和便池两边，分别贴上小脚印或彩色点，提示幼儿排队等候，并保持间距。

02 / 七步洗手法

1　手掌对手掌揉搓

2　手背交替揉搓

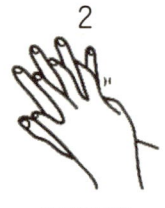

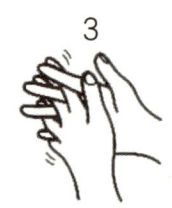

3　手指交叉搓一搓

4 拇指旋转揉搓

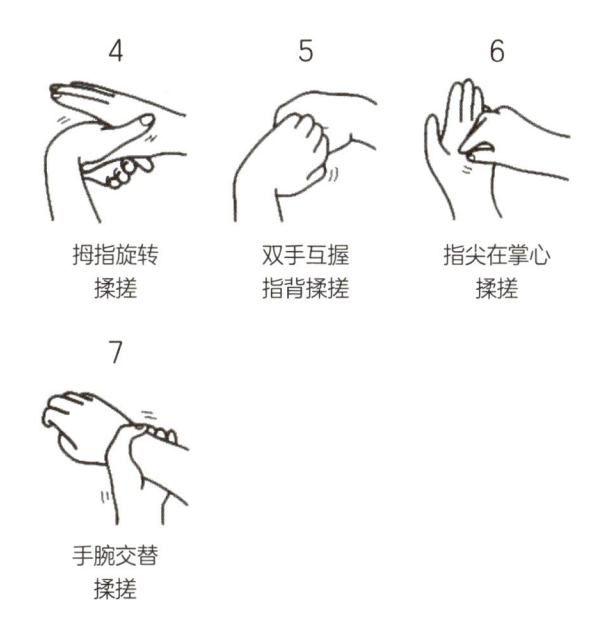

5 双手互握指背揉搓

6 指尖在掌心揉搓

7 手腕交替揉搓

03 / 洗手小儿歌

在幼儿洗手前,可以带领他们一起朗诵儿歌并同时做动作,以加深印象。

打开水龙头,七步来洗手。
双手要合十,谢谢水龙头。

04 / 可以避免的伤害
—— 真实发生过的案例

如厕人数多，老师看护出疏漏

2019年11月，在北京某街道幼儿园中一班，主班钱老师将孩子们分成两组去如厕，每组十多人。配班冯老师站在如厕区域内进行看护，这时，她看见女孩如意的裤子没穿到位，鞋子踩着裤脚正往前走，于是上前帮助她整理裤子。刚整理好如意的裤子，她就听到后面"咕咚"一声，回头一看原来是男孩大宝摔倒在小便器旁，他的下巴磕在小便池边上血流不止。老师马上将大宝送到医院，大宝的伤口缝了2针。

事后对事故原因进行了分析：由于当时如厕的孩子比较多，冯老师没办法照顾到所有人，因此当冯老师为如意整理裤子时，淘气的大宝趁老师不注意，脚蹬小便器往上爬，结果因为没抓稳而摔了下来。

> ▌ **提醒** 让幼儿分组如厕盥洗的目的是为了控制区域内的人数，确保老师能够看护到位。

老师未看护，孩子磕伤下巴

2013年7月的一天早晨，北京某幼儿园大班的孩子们陆陆续续地来园。主班张老师在门口和家长进行交接，配班王老师在班里做着餐前准备，同时照看着已经进班的孩子。此时，已进班的三个孩子趁老师不注意，跑到卫生间里玩耍。玩的过程中，女孩雅雅从兜里掏出一朵花，她晃着手上的花问另外两个男孩谁想要，其中一个男孩上前就抢。在争抢中，雅雅的下巴重重地摔在卫生间的台阶上。送往医院后，雅雅的伤口缝了12针。

▶ **提醒** 卫生间和盥洗室是幼儿磕碰伤害的高发场所，因此当幼儿进入此区域时，一定要有老师在旁看护。

晨晨在盥洗室滑倒

2015年5月，天津某幼儿园大班的孩子们从多功能活动室上完音乐活动，回班准备吃加餐。当晨晨走进盥洗室准备洗手的时候，突然脚下一滑摔倒了，脑袋磕到旁边的毛巾架上。晨晨疼得"哇哇"大哭起来，配班刘老师赶紧过来查看，发现他的额头磕了一个大包，于是马上把晨晨送到保健室进行处理。事后查找原因发现，是前面进入盥洗室的孩子在洗完手后把水甩在了地面上，而晨晨则正好踩在水上导致了滑倒。

▶ **提醒** 在每次幼儿如厕盥洗的前后，老师都要检查并擦干地面水渍，防止幼儿滑倒摔伤。

4 谋一谋，跨部门协作

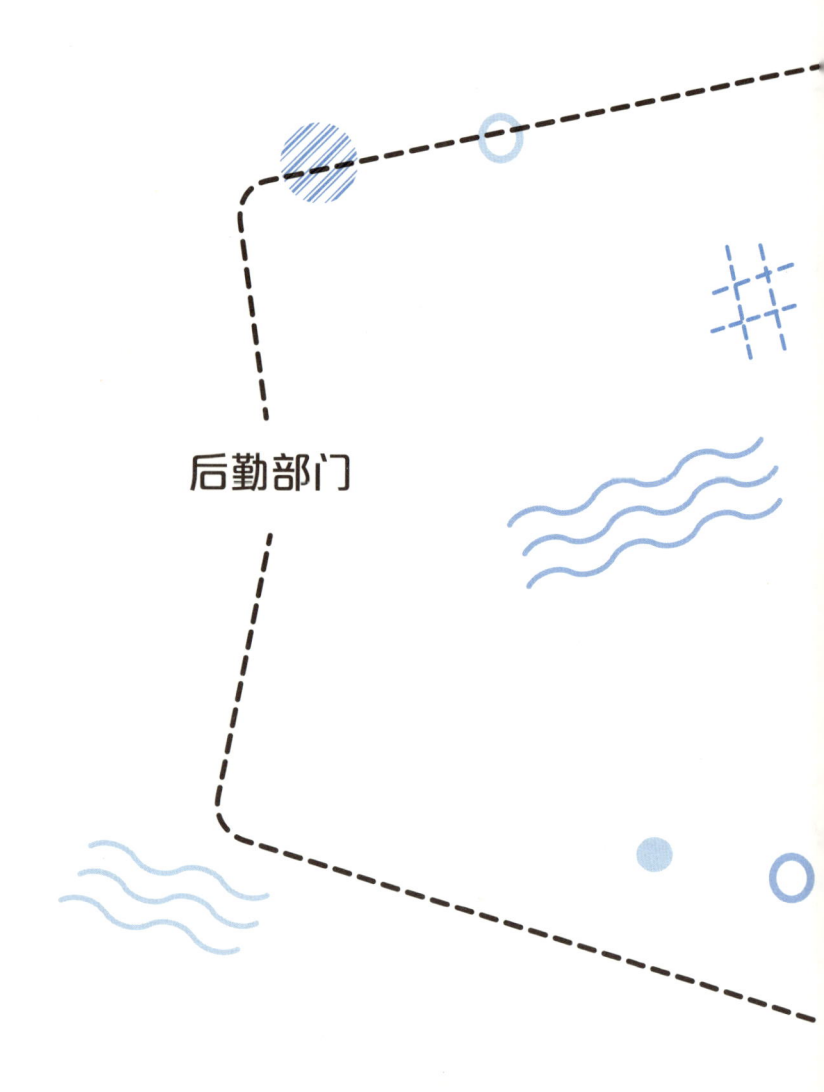

后勤部门

清洁品固定位存储

在每个班级的教室里设置清洁用品专用柜，放在高处或上锁，确保幼儿无法拿到。

地面防滑处理

如果卫生间和盥洗室的地面是不防滑的，后勤部门要铺上防滑垫等材料，对地面进行防滑处理。

5 说一说,获得家长支持

在家长会或日常交流时,老师可以根据本班实际情况与家长进行以下

沟通与提醒

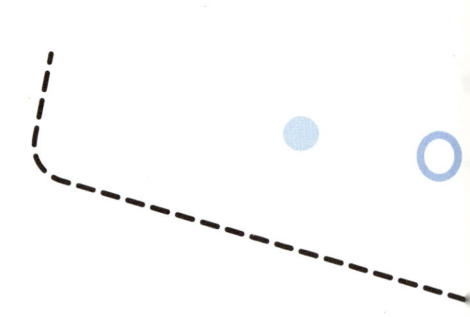

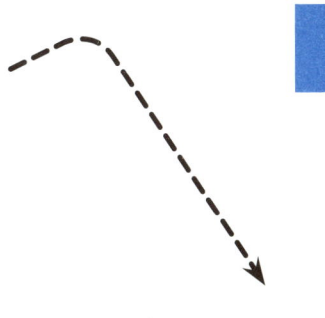

开展性别教育

家长要对幼儿进行性别教育,可以通过绘本等形式,告诉幼儿男孩女孩的身体是有区别的,避免幼儿因为好奇而窥视他人身体隐秘部位。

养成洗手习惯

养成幼儿餐前便后认真洗手并把手上的水甩在水池里的好习惯。

6 做一做，安全小测试

01 / 安全小填空

- 组织幼儿如厕和盥洗时，要根据_____和_____数量，将幼儿进行分组。

- 大中班幼儿如厕时，老师要对男孩和女孩进行_____，让他们_____如厕。

- 严格落实清洁或消毒用品不能_____的规定，只有用完一种并_____后，才能用下一种。

- 在幼儿盥洗前后，老师要检查地面是否有_____；若发现地面有_____，要提醒幼儿注意，并马上_____。

- 热水器的设定温度不宜超过_____℃，不随意调高温度，避免发生_____。

02 / 安全小选择

- 当班级幼儿排好队准备户外活动时,亮亮提出说想小便。这时,老师应该_____。

    A. 批评亮亮,为什么刚才不去,并让他等一会再去
    B. 请其他老师陪同亮亮如厕
    C. 让亮亮独自如厕,自己先带着其他幼儿出教室

- 户外活动结束,幼儿回到班里洗手并准备喝水。这时,老师应该_____。

    A. 组织幼儿分组有序地洗手
    B. 组织所有幼儿同时去洗手
    C. 不进行组织,让幼儿根据需要自己去洗手

- 午睡起床时,老师们正忙着帮幼儿整理衣服。这时,有几名幼儿提出想上卫生间,老师应该_____。

    A. 让幼儿独自如厕
    B. 由老师陪同尿急的幼儿先如厕
    C. 让这几名幼儿等一会儿,稍后和其他小朋友一起如厕

默念安全口令 牢记预防要点

地面干爽防滑倒,
消毒用品保管好。

如厕盥洗有秩序,
分组排队不拥挤。

老师站位须注意,
孩子都在视线里。

单元3 如厕盥洗环节 69

预防滑倒

预防磕碰

服药环节

单元 4

幼儿园一日生活
安全管理口袋本

1 记一记，**安全管理重点**

预防药物误服

误服药品是造成幼儿药物中毒的主要原因。如果药品存放不当，或老师随手把药放在桌子上，幼儿看到后感到新奇误以为是糖，就很可能趁老师不注意把药片放在嘴里吃下去，或分给其他幼儿吃，导致药物误服的情况发生。另外，如果老师给幼儿服药前不进行核对，也可能导致药物误服。

预防服药过量

除了药物误服，服药环节还可能出现老师因马虎大意而看错剂量，或因家长在委托登记单上填错剂量而老师又没有核对，造成幼儿服药过量的情况。服药过量很可能导致幼儿药物中毒，甚至会危及他们生命。

服药环节不仅包括让幼儿把药吃进去这一步，还包括有记录的药品交接、有原则的药品保管、有核对的服药过程这三个方面，要做到"我药安全，不药伤害"（"药"谐音"要"）。那么，应该在服药环节中采取怎样的预防措施，以有效避免发生伤害呢？一起来学习本环节的安全管理策略吧！

2 找一找，发现安全隐患

场景	扫描危险源 （若本班无此项隐患，或园所已落实预防措施，将○涂实●）	可能导致的事故/伤害
交接与保管	○家长带药未做服药登记，只与老师口头交接。 ·回想本班的药品交接过程。	服药过量
	○家长把药放在幼儿的书包里，让幼儿自己交给老师。 ·回想本班幼儿的情况。	服药过量
	○幼儿偷偷带药入园，当成糖自己吃或分给其他幼儿吃。 ·回想本班幼儿的情况。	药物误服
	○在教室里存放的药品被放在幼儿能接触到的地方。 ·检查本班药品的放置位置。	药物误服
	○老师将个人药品带入教室。 ·回想老师个人药品的管理情况。	药物误服

预 防 措 施
（待老师在行为上做出改变并形成常规意识后，在□内打√）

主班老师 / 配班老师

□ **交接药品时，同时交接家长填好并签字的服药委托单，老师要对内容进行核对（建议同时在班级信息板上记录当日需服药的幼儿信息）。**
- 参考安全小工具"服药委托单范例"（第 76 页），完善本班的服药委托单。
- 如果目前尚无服药委托单的明确规定，寻求跨部门协作，请保健部门提供支持（第 80 页）。
- 如果目前尚无保健老师复核这一步骤，寻求跨部门协作，请保健部门提供支持（第 81 页）。
- 连续一周在交接药品时，核对交接服药委托单，形成习惯后，在□内打√。
- 获得家长支持：配合落实关于服药委托单的规定（第 85 页）。

□ **发现幼儿自己带药，老师要及时收走药品，不给幼儿服药并与家长联系。**
- 主、配班老师共读此条，达成共识后，在□内打√。

□ **教导幼儿药不是糖，没有得到家长或老师允许不能自己吃。**
- 主、配班老师一起阅读学习案例"把药当糖，分享险中毒"（第 78 页）。
- 和幼儿开展相关主题的讨论与教育活动后，在□内打√。
- 获得家长支持：同步做好药品的保管工作（第 85 页）。

□ **将药品及对应的服药委托单一起放在专用药箱中，再将药箱放在指定位置，确保幼儿无法拿到。**
- 若本班尚无专用药箱或专用药箱的固定放置位置，寻求跨部门协作，请后勤部门提供支持（第 82 页）。
- 主、配班老师共读此条，达成共识后，在□内打√。

□ **老师的个人药品不进班。**
- 主、配班老师共读此条，达成共识后，在□内打√。

〈交接与保管〉

〈服药与观察〉

场景	扫描危险源 （若本班无此项隐患，或园所已落实预防措施，将○涂实●）	可能导致的 事故/伤害
服药与观察	○ 老师给幼儿服错药品，或服药过量。 · 回想本班幼儿的服药流程。	药物误服或 服药过量
	○ 未保留药品的空包装。 · 回想空药袋的保管情况。	其他伤害
	○ 幼儿服药后出现不良反应，未及时发现。 · 回想本班幼儿的情况。	药物过敏

预 防 措 施
（待老师在行为上做出改变并形成常规意识后，在□内打√）

主班老师	配班老师

□ **严格遵照服药流程，认真核对信息后再给幼儿服药。在量取液体药物时，必须使用配套的专用量杯，准确量取剂量。**

- 参考安全小工具"服药流程范例"（第 77 页），完善本班的服药流程。
- 主、配班老师一起阅读学习案例"家长写错剂量，孩子服药中毒"（第 79 页）。
- 如果目前尚无服药流程的明确规定，寻求跨部门协作，请保健部门提供支持（第 81 页）。
- 能熟记并遵照规定流程给幼儿服药，形成习惯后，在□内打√。

□ **将服用后的药品空包装连同委托书一起保留 3 天。**

- 主、配班老师共读此条，达成共识后，在□内打√。

□ **注意观察幼儿服药后的情况，同时在早晚班老师交接时，交待本班幼儿的服药情况。若服药后幼儿出现面色潮红、皮疹、精神不振、身体不适等异常情况，及时上报并送往医院。**

- 主、配班老师共读此条达成共识，形成服药后注意观察的习惯后，在□内打√。

3　用一用，安全小工具

01 / 服药委托单范例

新生入园时，给每位家长发一张纸质版服药委托单，提醒家长可将其复印使用。同时将电子版发到班级微信群，提醒家长下载保存并自行打印使用。在门卫值班室，也要准备一些打印好的空白服药委托单备用。

班级		幼儿姓名		幼儿性别		日期	
药物名称		1:		服药剂量		服药次数	
		2:		服药剂量		服药次数	
服药时间		上午:		服药具体时间 执行老师签名			
		下午:		服药具体时间 执行老师签名			
注意事项				接药老师签名			
家长签名				保健老师签名			
备注：此服药委托单按天填写，每天一张，当日有效。家长只需提供当日所服药品。							

02 / 服药流程范例

服药前准备

第一步：主班老师确认今日需要服药的幼儿。

第二步：让幼儿安静坐在一旁。如有需要，准备好一杯水。

第三步：主班老师从专用药箱中取出药物，检查药品包装无破损且在保质期内，再进行"五对"——

一对，委托单上姓名与幼儿对应；

二对，委托单上药物名称与药品对应；

三对，委托单上服药剂量与说明书或处方对应；

四对，委托单上服药时间与当前服药时间对应；

五对，委托单上有家长签字。

服药过程

首先，将药给幼儿，让其在老师看护下自己服药，老师不能强制喂药。

其次，老师在委托单上记录幼儿服药时间并签字。

最后，将委托书及药品空包装放回专用药箱中保存 3 天。

服药后观察

当日持续注意幼儿用药后的反应，如果出现红疹等异常反应，应及时就医。

03 / 可以避免的伤害
—— 真实发生过的案例

把药当糖，分享险中毒

2015 年 3 月，内蒙古某幼儿园中班三个小朋友在排队等着如厕时，旦旦偷偷从兜里掏出了一板"糖片"，准备分给其他好朋友吃。在旁边看护的李老师及时发现，把旦旦手里的"糖"拿了过来。李老师仔细一看，发现竟然是成人的降压药。原来，旦旦的爷爷在家逗旦旦玩时，说自己吃的降压药是糖片。这天早上旦旦偷偷把爷爷的降压药塞进了兜里带到幼儿园。幸亏老师及时发现，避免了意外事故发生。

> **提醒** 老师要提醒家长，不能把药说成糖来误导幼儿。家中的药物要存放在高且远的位置，确保幼儿看不见、拿不到。同时，老师也要加强入园时的检查。

家长写错剂量，孩子服药中毒

2016 年 11 月，在四川的一所幼儿园，3 岁的杨杨因为感冒而咳嗽不止。杨杨的奶奶送孩子去幼儿园时，委托老师给杨杨服用止咳药。杨杨妈妈把服用剂量写在了一张白纸条上——35 毫升，入园时，奶奶据此在委托单上填写了信息。下午，老师按照委托单上的 35 毫升剂量给杨杨喂药，等杨杨妈妈晚上来接杨杨的时候，发现他脸色不对，再检查药瓶上的说明，发现服药剂量应该是 3.5 毫升。孩子立即被送往医院抢救，医生诊断为药物中毒。经过抢救，杨杨最终转危为安。

▶ **提醒** 老师在给幼儿服药前，一定要按照服药流程进行核对，确认剂量与药品说明书或医生处方一致。

4 谋一谋，跨部门协作

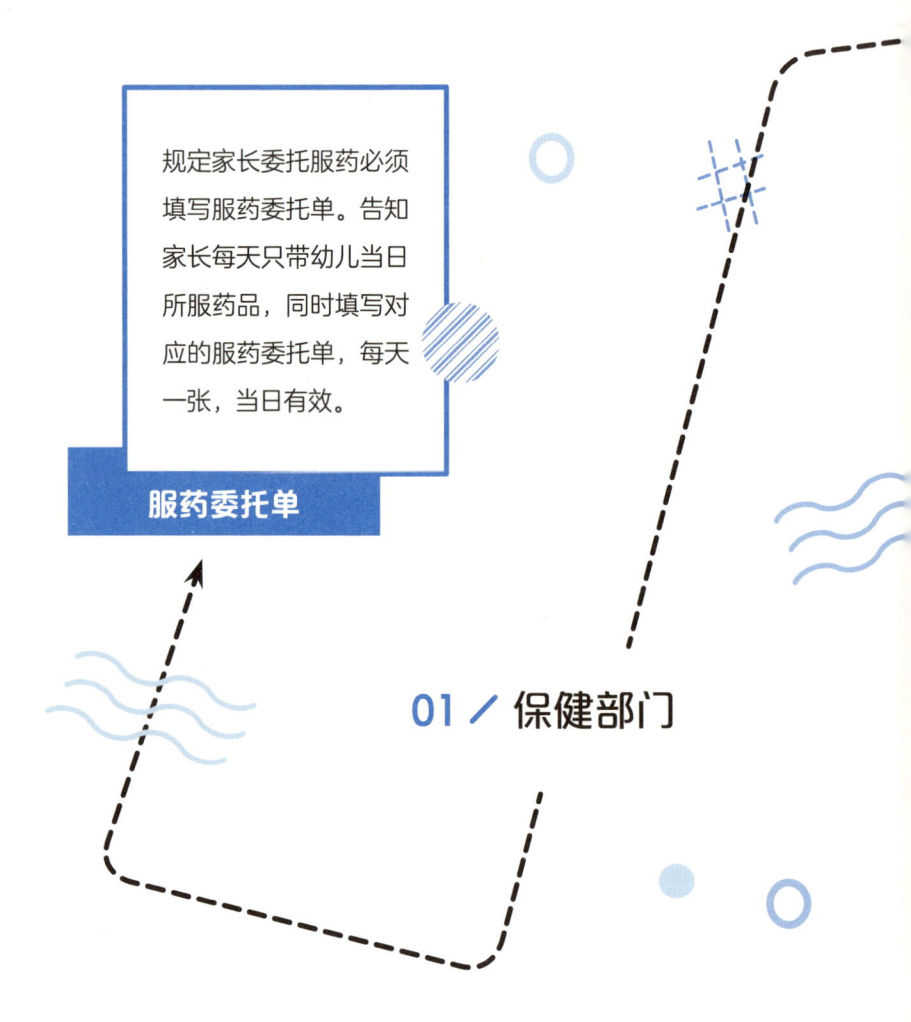

> 规定家长委托服药必须填写服药委托单。告知家长每天只带幼儿当日所服药品，同时填写对应的服药委托单，每天一张，当日有效。

服药委托单

01 / 保健部门

巡班复核

保健老师每日巡班时复核各班的服药信息,重点核对服药委托单上填写的服药量与药品说明书是否一致,确认无误后进行签字确认。

培训统一流程

制定全园统一的服药流程,并对老师进行培训,确保每个人熟练掌握流程要点。

为各班采购专用药箱，用来存放幼儿的药品（见下图）。

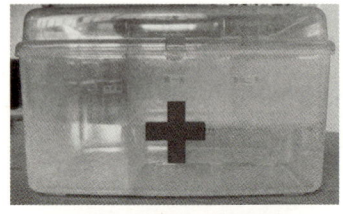

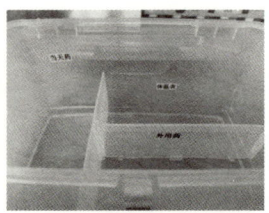

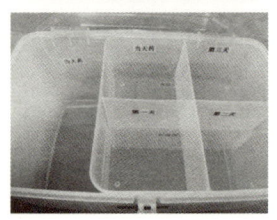

班级配置药箱

02／后勤部门

固定药箱位置

确保班级内的专用药箱有固定的存放位置。幼儿看不见药箱,即使站在小凳子上也无法拿到药箱。

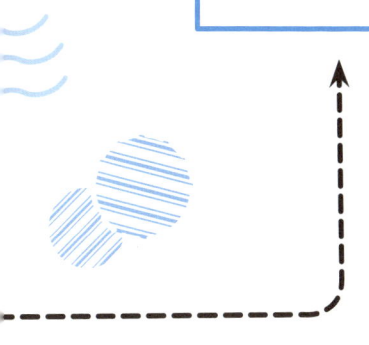

5　说一说，获得家长支持

在家长会或日常交流时，老师可以根据本班实际情况与家长进行以下

沟通与提醒

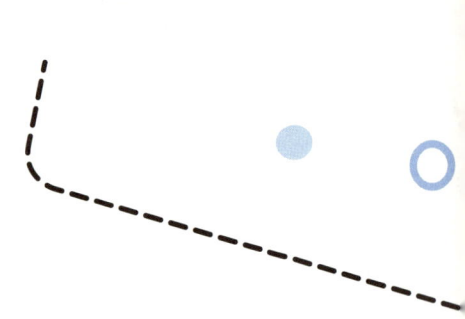

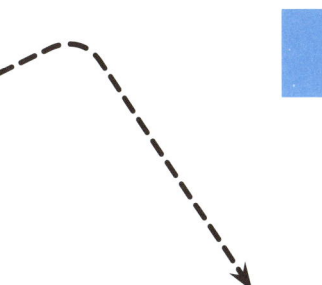

服药委托单

认真填写服药委托单,认真核对剂量,亲自把药品交给老师。如果服药委托单缺失信息或存在疑问,老师当天会暂停给幼儿服药。

家中药品保管

将家中的药品存放于高处,让幼儿看不见也摸不到。不把药说成糖,让幼儿知道药不能自己吃。来园前检查幼儿的衣服口袋和书包,避免幼儿擅自把家里的药带进幼儿园。

6 做一做，安全小测试

01 / 安全小填空

- 家长与老师交接药品时，应同时交接家长填好并签字的＿＿＿＿＿＿。

- 若发现幼儿自己带药进园，老师要及时＿＿＿＿＿＿，不予服药并与家长联系。

- 幼儿的药品要与对应的服药委托单一起放在专用＿＿＿＿＿＿中保管，确保幼儿＿＿＿＿＿＿。

- 严格遵照服药流程，认真＿＿＿＿＿＿信息后再给幼儿服药。

- 若服药的幼儿出现＿＿＿＿＿＿、＿＿＿＿＿＿、精神不振、身体不适等异常情况，应及时上报并就医。

02 / 安全小选择

- 早餐后,楠楠小朋友告诉老师,书包里有止咳药,是奶奶让带来的,请老师帮他吃一下。这时,老师应该_____。

    A. 把药从幼儿书包里拿出来,给幼儿服药
    B. 联系家长确认此事后,给幼儿服药
    C. 把药从幼儿书包里拿出来保存,并联系家长,告诉家长因没有服药委托单,老师不能帮助幼儿服药

- 入园时,琪琪妈妈带来了一瓶止咳糖浆,委托老师帮琪琪服药。到了服药时间,老师准备给孩子服药,正确的做法是_____。

    A. 把糖浆药瓶拧开后交给幼儿,让幼儿自己喝一小口
    B. 按照说明书要求,使用小量杯量取糖浆,再给幼儿服药
    C. 凭自己感觉估算药量,给幼儿服药

- 今天,李老师早起有些头疼,便把家里的止痛片带到了幼儿园,入园后应该_____。

    A. 把药放在教师办公室里,吃完再进班
    B. 把药带进班里,吃完后随手放在桌子上
    C. 把药带进班里,吃完后放在幼儿的专用药箱里

默念安全口令 牢记预防要点

委托服药须登记,
剂量填写勿大意。

药品高处保管好,
谨防孩子随意取。

喂药之前对信息,
强迫服药出问题。

服药结束需观察,
发现问题快处理。

单元4 服药环节　89

预防药物误服

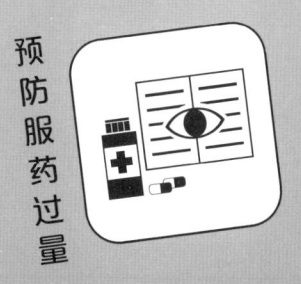

预防服药过量

进餐环节

单元 5

幼儿园一日生活安全管理口袋本

1 记一记，安全管理重点

预防噎伤 　　幼儿的吞咽功能尚在发育，因此吃饭时如果吃得太快、边吃边说话，或由于老师批评而紧张和哭泣，嘴里的食物很可能会卡在咽喉部位，甚至被误吸入气管，导致幼儿窒息。

预防烫伤 　　如果饭菜未降温就直接带入教室，或者放在幼儿可以接触到的位置，很容易导致幼儿烫伤。特别是在夏天，幼儿穿着少，皮肤外露多，就更加危险。

　　民以食为天，食以安为先。那么，应该在进餐环节中采取怎样的预防措施，以有效避免发生伤害呢？一起来学习本环节的安全管理策略吧！

2 找一找，发现安全隐患

场景	扫描危险源 （若本班无此项隐患，或园所已落实预防措施，将○涂实●）	可能导致的 事故/伤害
餐前准备	○桌椅摆放间距过近，过道狭窄。 · 检查本班幼儿的就餐环境。	磕碰
	○剧烈运动，幼儿情绪兴奋激动。 · 回想本班的餐前游戏活动。	嗑伤
	○老师不了解幼儿的食物过敏情况。 · 回想本班过敏幼儿的管理情况。	过敏
	○饭菜进班时过热，盛放饭菜的餐盆放在幼儿够得到的位置。 · 回想饭菜进班的情况。	烫伤

预防措施

（待老师在行为上做出改变并形成常规意识后，在□内打√）

主班老师	配班老师
□与配班老师一起调整桌椅位置，留出桌椅间合理的间距，确保行走通道畅通。 · 调整桌椅摆放位置后，在□内打√。	□协助主班老师调整桌椅位置，掌握摆放要求。 · 与主班老师共同完成此项工作后，在□内打√。
□在餐前15分钟，组织幼儿进行相对安静的游戏活动。 · 重新设计餐前游戏活动后，在□内打√。	□同时进行餐前消毒工作，取用消毒用品后，立即放回距离幼儿高且远的位置。若有幼儿值日生参与，他们只做第一遍清水擦拭工作，不接触消毒用品。 · 连续一周每天落实餐前消毒工作要求，形成习惯后，在□内打√。
□在分餐处张贴"幼儿过敏食物清单"，熟知本班幼儿的过敏情况；在有新生加入时及时更新清单。 · 参考安全小工具"幼儿过敏食物清单范例"（第98页），制作并张贴本班的幼儿过敏清单。 · 若尚无本班幼儿的过敏信息，寻求跨部门协作，请保健部门提供支持（第103页）。 · 落实此项工作后，在□内打√。	□熟知本班幼儿的过敏情况，分餐时查看"幼儿过敏食物清单"，避免让相关幼儿吃到过敏食物。 · 落实分餐要求，熟知本班幼儿的过敏情况后，在□内打√。
□教导幼儿在活动时远离饭菜的降温区域。 · 与配班老师一起阅读学习案例"饭菜未降温，小宇被烫伤"（第99页）。 · 和幼儿开展相关主题的讨论与教育活动后，在□内打√。	□检查饭菜温度，若发现温度过高，先要放在远离幼儿的地方降温。 · 若饭菜没有经过降温就直接送入班级，寻求跨部门协作，请保健部门提供支持（第103页）。 · 连续一周每天主动做好此项工作，形成习惯后，在□内打√。

〈餐前准备〉

〈餐中护理〉

〈餐后整理〉

场景	扫描危险源 （若本班无此项隐患，或园所已落实预防措施，将○涂实●）	可能导致的 事故/伤害
餐中护理	○幼儿把脚伸到餐桌外面，嘴咬着勺子、筷子玩。 ·回想本班幼儿的就餐情况。	其他伤害
	○幼儿吃饭过快，或边吃边说笑。 ·回想本班幼儿的就餐情况。	噎伤
	○进餐中批评幼儿，导致幼儿紧张或哭泣。 ·回想本班幼儿的进餐管理情况。	噎伤
	○老师从幼儿头顶递饭菜。 ·回想本班的饭菜传递路线。	烫伤

单元5 进餐环节 95

预防措施		
（待老师在行为上做出改变并形成常规意识后，在□内打√）		
主班老师		配班老师
□教导幼儿吃饭时把腿收到餐桌下面，不把餐具当玩具。 · 洗手前，可以和幼儿一起朗诵儿歌，参考"进餐提醒小儿歌"（第98页）。 · 和幼儿开展相关主题的讨论与教育活动后，在□内打√。		□配合主班老师，及时纠正幼儿就餐时的不当行为。 · 若幼儿用的碗勺过薄、筷子过细，存在划伤的风险，寻求跨部门协作，请后勤部门提供支持（第102页）。 · 配合主班老师，落实要求后，在□内打√。
□教导幼儿安静进餐不说话，要细嚼慢咽。 · 和幼儿开展相关主题的讨论与教育活动后，在□内打√。 · 获得家长支持：同步培养幼儿良好的进餐习惯（第105页）。		□配合主班老师，及时纠正幼儿就餐时的不当行为。 · 配合主班老师，落实要求后，在□内打√。
□营造愉快安静的进餐氛围，提醒幼儿时要耐心，不批评。对于哭泣或情绪激动的幼儿，要暂停其进餐，帮助幼儿稳定情绪后再用餐。 · 主、配班老师一起阅读学习案例"餐中批评孩子，险些造成噎伤"（第100页）。 · 主、配班老师共读此条，达成共识后，在□内打√。		
□老师要从幼儿身体侧面传递饭菜，注意躲避幼儿。 · 主、配班老师一起阅读学习案例"头上传递饭菜，烫伤孩子脖子"（第100页）。 · 主、配班老师演练传递饭菜的动作和路线，确认路线安全且合理后，在□内打√。		

/ 餐前准备 /

/ 餐中护理 /

/ 餐后整理 /

场景	扫描危险源 （若本班无此项隐患，或园所已落实预防措施，将○涂实●）	可能导致的事故/伤害
餐后整理	○幼儿边嚼嘴里食物边送餐具。 ·回想本班幼儿的情况。	噎伤
	○未及时清理掉在地上的饭菜。 ·回想本班幼儿进餐时的情况。	滑倒
	○饭后散步时，要求幼儿双手背后。 ·回想本班幼儿的餐后散步情况。	跌倒

预 防 措 施
（待老师在行为上做出改变并形成常规意识后，在□内打√）

主班老师	配班老师
□ 教导幼儿吃完嘴里最后一口食物后再离开座位。 · 和幼儿开展相关主题的讨论与教育活动后,在□内打√。 · 获得家长支持：同步培养幼儿良好的进餐习惯（第105页）。	□ 配合主班老师，随时提醒幼儿，并检查吃完饭的幼儿嘴里无食物。 · 配合主班老师，落实要求后，在□内打√。
□ 教导幼儿吃饭时要手扶碗，掉在地上的饭菜要及时捡起来，送餐时要双手端碗。 · 和幼儿开展相关主题的讨论与教育活动后,在□内打√。	□ 及时清理掉在地面上的食物汤汁。 · 落实要求后，在□内打√。
□ 组织幼儿散步时，不能让幼儿将手放在背后。 · 主、配班老师共读此条，达成共识后，在□内打√。	

／餐前准备／　／餐中护理／　／餐后整理／

3　用一用，安全小工具

01 / 幼儿过敏食物清单范例

幼儿姓名	过敏源
乐乐	鸡蛋

02 / 进餐提醒小儿歌

当幼儿在就餐区落座后，老师可以和幼儿一起大声朗诵儿歌，以提醒幼儿安全的坐姿和良好的进餐习惯。

儿歌 1

吃饭好习惯，我都记得全。
安静来吃饭，用手扶住碗。
细嚼又慢咽，吃净盘中餐。

儿歌 2

小小椅子排一排，
小朋友们坐上来。
两腿收回桌子下，
不把小脚伸出去。
勺子筷子是餐具，
不能玩耍当玩具。

03 / 可以避免的伤害
—— 真实发生过的案例

饭菜未降温，小宇被烫伤

2018 年 6 月，在贵州的一所幼儿园，中二班的配班孙老师正在进行餐前的准备工作。这时，厨房把刚煮好的汤面放在小桶中，送到了班级门口。孙老师没有检查温度，就直接把桶放在了分餐桌的一角。这时，小宇跑到老师身边，想看看中午吃的是什么。他抓着桶沿往里看，结果手不小心摸到了热汤面，"哇"的一声哭了出来。孙老师赶紧过来拉起他的手看，发现小宇手指已经被烫红了。

▶ **提醒** 幼儿在遇到危险时，无法像成人一样立刻做出反应，进行自救。所以饭菜在进班前，老师一定要检查温度，如果温度过高，要放在远离幼儿的位置降温，避免烫伤幼儿。

餐中批评孩子，险些造成噎伤

2015年9月，江苏某幼儿园小班，亮亮跟齐齐是好朋友。晚餐时两个人坐在一起，边吃饭边说笑。周老师看到后提醒两人要专心吃饭不要说话。可当周老师刚转过身，齐齐又开始说话，此时周老师很生气，高声说道："吃饭时不许说话！你俩快点吃，要是吃不完就不让家长接你们回家。"齐齐一听又紧张又害怕，眼泪在眼睛里打转，赶忙大口吃起饭来。由于吃得太快，齐齐一下呛住了。他不停地咳嗽，小脸通红，将嘴里的饭菜都吐了出来，周老师赶紧让配班老师去叫保健老师。等保健老师赶到时，齐齐已经慢慢缓过劲儿来，所幸没有造成严重后果。

> ▌**提醒** 在餐中教育幼儿时，要耐心提醒，不批评，避免幼儿在吃饭时因精神紧张而被食物噎住。

头上传递饭菜，烫伤孩子脖子

2016年11月，北京某幼儿园中班的孩子们正在吃晚餐。实习的谢老师正在帮孩子盛西红柿鸡蛋汤，她看见瑶瑶举手示意，就盛了一碗汤并走到瑶瑶身后，从她头顶上递了过去。此时，瑶瑶恰巧转身回头，脑袋一下撞到谢老师端着的汤碗上，谢老师手一滑，整碗汤全洒进了瑶瑶脖子里。谢老师当时就吓坏了，站在原地不知所措。

> **提醒** 老师传递餐具一定要从幼儿身体的侧面递过去,还要提醒幼儿坐好别动。老师要提前掌握烫伤的正确处理办法。

主班肖老师看到后赶快过来,查看孩子烫伤的情况,发现瑶瑶脖子后面被烫红了一片,于是赶快叫配班胡老师找来一块用凉水打湿的毛巾,放在瑶瑶被烫红的地方进行降温,并及时通知了保健老师。在事后分析事故原因时,发现西红柿鸡蛋汤的温度并不高,但由于孩子的皮肤薄,还是被汤烫红了,谢老师从孩子头上传递餐具是导致事故发生的直接原因。

4 谋一谋，跨部门协作

> 采购幼儿餐具时，建议采购食品级 304 不锈钢餐具，同时要注意餐具的厚度。宜选择材质较厚的勺子、圆角的筷子和双层的不锈钢碗，可以有效降低幼儿被餐具划伤的风险。

采购合适餐具

01／后勤部门

统计新生过敏信息

在新生入园时,要求家长主动说明幼儿有无过敏情况。做好全园信息统计后,将情况反馈给各班老师,并在平时加强管理和关注。

02 / 保健部门

控制餐点温度

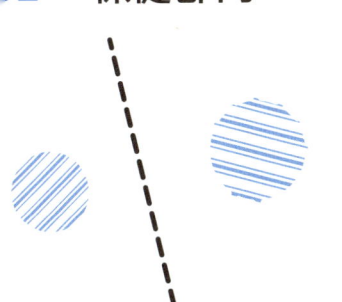

指导厨房在冬季注意给饭菜保温,在夏季注意给饭菜降温,确保取餐老师拿到温度适宜的饭菜。

5　说一说，获得家长支持

在家长会或日常交流时，老师可以根据本班实际情况与家长进行以下

沟通与提醒

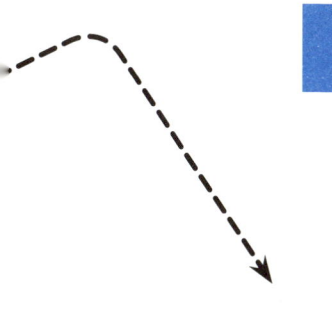

家中进餐习惯

在家里给幼儿提供一把吃饭专用的椅子,固定吃饭时的位置。教导幼儿吃饭时应安静坐好不说话,不看手机和电视,不玩玩具,培养幼儿良好的进餐习惯。

日常进餐提醒

提醒幼儿吃饭要细嚼慢咽,吃完嘴里食物才能离开座位,不能边走边吃。

6　做一做，安全小测试

01／　安全小填空

- 在用餐前15分钟，组织幼儿进行相对_____的游戏活动。

- 饭菜进班前，先检查_____，如果发现温度过高，要放在_____的位置降温。

- 熟知本班幼儿的过敏情况，不要让相关幼儿吃到_____。

- 添加饭菜时注意避开幼儿，不从幼儿_____递饭菜，要从他们身体的侧面传递。

- 教导幼儿吃完嘴里_____食物后再活动。

02／　安全小选择

- 吃饭时，亮亮不小心打翻了汤碗，热汤溅在了他的手背上，他大哭起来。这时，老师应该第一时间_____。

A．安抚幼儿情绪
B．带幼儿去找保健老师
C．用流动的自来水冲洗幼儿手背 20 分钟

- 当老师正在组织幼儿进餐时，发现新生安安边吃饭边抽泣，老师安抚他时了解到是因为安安想妈妈了。这时，老师应该_____。

A．亲自给安安喂饭，边喂边安抚
B．让安安暂时停止进餐，把安安抱到旁边的凳子上进行安抚
C．对安安进行教育，要求他吃饭时不能哭

- 盛夏季节的午餐时间，食堂送来的丸子汤还冒着热气。这时，老师应该_____。

A．直接端进班里，给孩子分餐时少盛一点
B．检查温度，放在孩子够不到的地方降温
C．将汤桶放在孩子餐桌上，告诉孩子别碰

答案：
中一日 暑假 永遠 真需要別 氾濫 實情
C B
C B

默念安全口令 牢记预防要点

饭菜温度要适宜,
过敏幼儿要留意。

地面洒汤快清理,
不从头上递餐具。

进餐常规重培养,
窒息烫伤会处理。

单元5 进餐环节　109

预防噎伤

预防烫伤

急救小知识

01 / 烫伤的急救五步法

- 冲——用流动冷水冲洗降温 20～30 分钟。注意控制水流大小，先缓慢冲到正常皮肤上再流向烫伤部位，减小因冲击伤处造成的疼痛和皮肤破损。
- 脱——冲洗降温后，轻轻脱去或剪掉伤处的衣服。脱的时候不要用力过猛，避免造成伤处皮肤破损。
- 泡——如果伤处未完全降温，可以再浸泡降温伤处 20 分钟，但是不能用冰水。
- 盖——用清洁的无菌纱布轻轻包裹伤口，也可用保鲜膜覆盖，避免感染。

注意事项
- ★ 不要使用冰水冲洗，避免失温或冻伤。
- ★ 不要在未完全降温时，就涂抹烫伤药膏。
- ★ 不在伤处涂抹牙膏、酱油、醋等偏方，会导致伤处恶化，造成二次伤害。
- ★ 不要随意刺破水泡，以免造成伤口感染。

- 送——根据烫伤情况，及时去医院进行进一步治疗。

02 / 海姆立克急救法

当幼儿突然出现憋气、口唇青紫、说话发不出声音时，很有可能是由于异物窒息，要立即实施海姆立克急救法：

- 蹲在或跪在幼儿背后，右手握空心拳，左手包住右手，放在肚脐上方两横指位置。
- 双臂用力，快速向后向上挤压，让胸腔的气压冲出异物。
- 重复以上手法，直到异物冲出且能呼吸、咳嗽或讲话为止。

注意事项

★ 当窒息发生时，抢救的黄金时间是 4 分钟，老师要立即采取急救措施，不能等待。

午睡环节

单元 6

幼儿园一日生活
安全管理口袋本

1 记一记，**安全管理重点**

预防突发疾病

幼儿午睡时的突发疾病具有隐蔽性，在幼儿都已入睡的安静环境中，部分老师容易放松警惕，坐在一旁备课或制作环境创设的物品。如果幼儿此时突发疾病，或由于趴睡、蒙头睡而呼吸不畅，引发窒息，又没有被老师及时发现，就很可能导致严重的后果。

预防异物侵入

有的幼儿在午睡时难以入睡，可能会悄悄带着小玩具、小贴画到床上玩，玩着玩着就可能把这些东西放入嘴里、耳朵里或鼻子里，导致异物侵入。另外，如果幼儿在上床前，嘴里含着食物，那么也存在很大风险，因为躺着吃东西更容易使异物噎住气管，导致窒息。

在午睡期间，幼儿的安心入睡需要得到老师的尽职看护。那么，应该在午睡环节中采取怎样的预防措施，以有效避免发生伤害呢？一起来学习本环节的安全管理策略吧！

2　找一找，发现安全隐患

场景	扫描危险源 （若本班无此项隐患，或园所已落实预防措施，将○涂实●）	可能导致的 事故/伤害
睡前准备	○幼儿嘴里含着食物，或手里藏着小贴画等小物件上床。 ·回想本班幼儿的情况。	异物侵入
	○女孩将发卡、皮筋等饰品带入睡眠室。 ·回想本班幼儿饰品的管理情况。	勒伤
	○幼儿的床紧靠在窗户旁。 ·检查睡眠室的环境。	坠落

预防措施

（待老师在行为上做出改变并形成常规意识后，在□内打√）

主班老师	配班老师
□在幼儿上床前，老师要逐一检查他们的口腔和双手，确保没有食物和小物件。 · 连续一周每天主动检查，形成习惯后，在□内打√。	□配合主班老师进行孩子午睡前的检查。 · 连续一周每天主动配合主班老师进行检查，形成习惯后，在□内打√。
□进入睡眠室前，女孩要摘下发卡、皮筋等饰品，依次放入收纳盒中，统一保管。 · 参考安全小工具"饰品收纳盒"（第122页），统一收纳管理幼儿的饰品。 · 与配班老师一起阅读学习案例"女孩手指被皮筋勒伤"（第123页）。 · 连续一周每天主动做好此项工作，形成习惯后，在□内打√。	□协助主班老师确认女孩的饰品已全部摘掉。 · 连续一周每天主动做好此项工作，形成习惯后，在□内打√。
□与配班老师一起规划床的位置，要与窗户保持一定距离。 · 检查并调整睡眠室里床的摆放位置后，在□内打√。	□协助主班老师，调整床的位置。 · 与主班老师共同完成此项工作后，在□内打√。

场景	扫描危险源 （若本班无此项隐患，或园所已落实预防措施，将○涂实●）	可能导致的 事故/伤害
睡前准备（续）	○幼儿在床上能摸到电源插孔。 ·检查睡眠室里的电源插座位置。	触电
	○中大班男孩和女孩未分区午睡。 ·回想本班幼儿午睡时的分区管理情况。	其他伤害
	○未对上午身体不适的幼儿进行重点交接。 ·回想本班幼儿的午睡工作交接情况。	突发疾病

（续表）

预 防 措 施 （待老师在行为上做出改变并形成常规意识后，在□内打√）	
主班老师	配班老师
□教导幼儿不能用手或者其他物品捅电源插孔。 ·和幼儿开展相关主题的讨论与教育活动后，在□内打√。	□使用电源插孔塞封堵插孔。 ·若班里没有插孔塞等工具，寻求跨部门协作，请后勤部门提供支持（第126页）。 ·完成此项工作后，在□内打√。
□与配班老师协商，划分男孩和女孩睡眠区域以及床的摆放位置。 ·与配班老师一起阅读学习案例"男孩女孩午睡未分区，惹出大麻烦"（第123页）。 ·与配班老师达成共识，对男孩女孩的午睡位置进行分区后，在□内打√。 ·获得家长支持：同步对幼儿进行性别教育（第129页）。	□根据男孩和女孩分开的午睡区域，摆放床的位置。 ·重新调整床的位置后，在□内打√。
□交接班时，带班老师向接班老师交代上午身体不适的幼儿名单和具体情况，进行重点关注。 ·主、配班老师共读此条，落实要求后，在□内打√。	

〈睡前准备〉

〈睡中巡视〉

〈起床午检〉

场景	扫描危险源 （若本班无此项隐患，或园所已落实预防措施，将○涂实●）	可能导致的事故/伤害
睡中巡视	○老师在看护幼儿午睡时离岗。 ·回想本班幼儿午睡时的值班情况。	其他伤害
	○幼儿突发疾病，未及时发现。 ·回想本班幼儿午睡时的巡视情况。	突发疾病
	○幼儿趴睡、蒙头睡。 ·回想本班幼儿的午睡情况。	窒息
	○幼儿拽被子上的线头缠在手上。 ·回想本班幼儿的午睡情况。	勒伤
	○老师让入睡困难的幼儿独自留在教室里。 ·回想本班幼儿午睡时的看护情况。	其他伤害

预防措施

（待老师在行为上做出改变并形成常规意识后，在□内打√）

主班老师	配班老师

□ 幼儿午睡时必须有老师在岗。值班老师如果有紧急情况确实需要离开，必须等替岗老师到岗，交代清楚需特别关注的幼儿情况后，方可离开。
· 主、配班老师共读此条，达成共识后，在□内打√。

□ 老师每15分钟巡视一遍午睡中的幼儿，重点关注当天身体不适及有既往病史的幼儿，不可以睡觉或看手机。
· 主、配班老师一起学习安全小工具"午睡安全巡查表范例"（第122页），制定适合本班情况的午睡安全巡查表。
· 主、配班老师一起阅读学习案例"孩子突发高热惊厥"（第124页）。
· 若主、配班老师不清楚本班有既往病史的幼儿名单，寻求跨部门协作，请保健部门提供支持（第127页）。
· 若主、配班老师没有掌握常见突发疾病的急救方法，寻求跨部门协作，请保健部门提供支持（第127页）。
· 主、配班老师共读此条，落实要求后，在□内打√。

□ 在定时巡视过程中，检查每个幼儿的睡姿，及时帮助调整，确保幼儿的脸露在被子外。
· 主、配班老师共读此条，落实要求后，在□内打√。

□ 在巡视中发现幼儿玩线头，要立即制止并剪掉线头。
· 主、配班老师共读此条，落实要求后，在□内打√。
· 获得家长支持：日常检查幼儿的被褥和衣物（第129页）。

□ 对入睡困难的幼儿，老师要专门看护，视实际情况也可以让幼儿坐在老师身边，绝不能让其脱离老师的视线。
· 主、配班老师一起阅读学习案例"孩子从窗户坠落"（第125页）。
· 主、配班老师共读此条，落实要求后，在□内打√。

场景	扫描危险源 （若本班无此项隐患，或园所已落实预防措施，将○涂实●）	可能导致的 事故/伤害
起床午检	○幼儿将衣服、鞋子穿反。 ·回想本班幼儿的穿衣情况。	摔倒
	○未对幼儿进行起床午检。 ·回想本班幼儿的午检管理情况。	突发疾病

预防措施

（待老师在行为上做出改变并形成常规意识后，在□内打√）

主班老师	配班老师

□ 主、配班老师一起整理并检查幼儿的着装。
- 连续一周每天主动做好此项工作，形成习惯后，在□内打√。

□ 幼儿起床后，主、配班老师一起检查幼儿的健康状况，包括体温、皮肤、精神状态、口腔等。
- 主、配班老师共读此条，连续一周每天主动进行检查，形成习惯后，在□内打√。

〈睡前准备〉

〈睡中巡视〉

〈起床午检〉

3　用一用，安全小工具

01／　饰品收纳盒

午睡前，将女孩摘下的皮筋、发卡等饰品，放入收纳盒中统一保管。收纳盒可自制或购买，可在盒内贴上幼儿姓名，固定收纳位置。

02／　午睡安全巡查表范例

巡查项目	正常情况	异常状态
睡姿	仰睡、侧睡	趴睡、蒙头睡
呼吸	呼吸均匀	呼吸急促、嘴角有白沫
脸色	红润	脸色潮红、嘴唇青紫、嘴角抽搐
四肢	放松舒展	肌肉抽搐
手上动作	自然松开	手中攥着小物件、线头缠绕手指

03 / 可以避免的伤害
—— 真实发生过的案例

女孩手指被皮筋勒伤

2018年3月，西安某幼儿园，中班女孩果果在午睡时把头上的小皮筋摘下来藏在被子里，拿皮筋缠绕着手指玩。玩了一会儿，果果就睡着了。起床时，老师发现果果的左手中指缠绕着皮筋，手指已经被小皮筋勒得红肿发紫，急忙通知保健老师和家长，并将果果送到医院就诊。

医生指出，如果幼儿将像皮筋、线头这样的东西缠绕在手指或胳膊上，会影响局部组织的血液循环，发现后要立刻取下来。长时间缠绕会造成组织缺血性坏死，严重的甚至会导致截肢。

▶ **提醒** 在幼儿午睡前，老师要将女孩的皮筋等饰品全部摘下来，统一保管。

男孩女孩午睡未分区，惹出大麻烦

2015年6月，北方某省的一所幼儿园，上大班的琪琪放学回了家。晚上在洗完澡穿衣服时，琪琪妈妈发现孩子的屁股上有几道抓痕，于是问琪琪，是因为痒痒自己抓的吗？琪琪说不是，是幼儿园睡在自己下铺的男孩，今天把手伸到自己

> **提醒** 要注意将大中班男孩和女孩的午睡区域分开。还要对幼儿进行性别教育——如果其他小朋友看或者碰自己的隐私部位，要马上告诉老师。

被子里给抓出来的。琪琪所在的幼儿园用的是一带三的推拉床。午睡时，琪琪睡上铺，抓她的男孩睡中铺。琪琪接着说，这个男孩已经抓她好几次了，之前自己也将这个情况告诉过老师。但老师只是提醒男孩别闹，让两个孩子赶快闭眼睛睡觉，并没有详细了解抓在什么部位上。

第二天，愤怒的琪琪家长来到幼儿园，要求园长彻底调查，并要求做司法鉴定。

孩子突发高热惊厥

2018 年 12 月，北京某街道幼儿园小班，值班的冯老师是一位年轻的新教师。那天孩子们都已经入睡，冯老师正在认真地巡查孩子的午睡情况。她发现小石头的身体在微微抖动，于是走近仔细观察，看到小石头牙关紧闭，嘴角有白沫。

冯老师立即叫来下班未走的本班另一位老师，让她去通知保健老师和园长，让保健老师赶紧过来并联系幼儿家长。冯老师在小石头旁边看护，将他的头轻轻偏向一侧，清理掉口腔中的分泌物，使小石头能正常呼吸。很快，120 急救车到达现场，将幼儿送到医院进行进一步治疗。经医生诊断，小石头是突发高热惊厥。医生表示，幼儿园冯老师及时并正确的处理非常关键。经过治疗，小石头最终转危为安。

▶ **提醒** 午睡巡视时，老师要逐一仔细巡查幼儿的情况。发现幼儿有异常表现时，要能及时冷静地进行正确处理。

孩子从窗户坠落

2013年9月，江苏某幼儿园新来了一位小朋友洋洋。洋洋妈妈送孩子入园时特意向老师交代，洋洋在家没有午睡的习惯，请老师特殊照顾一下。午睡时，洋洋哭闹着不想睡觉，看护的于老师就把洋洋从睡眠室带到活动室，给他拿了一些玩具，让洋洋自己坐着玩会儿玩具，自己则转身回到睡眠室去照顾其他小朋友。

洋洋不想玩玩具，他想回家，于是他搬来一把小椅子踩着爬上了窗台，把身子探到了窗外，结果从二楼坠落下去。

对面楼里的居民看到有孩子从二楼坠落，赶忙跑来通知幼儿园，洋洋被紧急送往医院进行抢救。

▶ **提醒** 幼儿午睡时，不能让幼儿单独留在教室里，脱离老师的看护，避免发生意外。

4　谋一谋，跨部门协作

配置保护装置

为每个班级采购电源插孔塞，确保幼儿摸不到电源插孔，也可以直接更换成带安全门的插座。

01／后勤部门

统计新生信息

在新生入园时，统计有癫痫、高热惊厥、先天性疾病等既往病史的幼儿名单，并告知所在班级的老师，平时加强对这些幼儿的管理和关注。

02 / 保健部门

培训急救方法

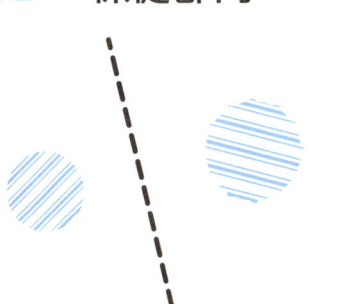

对老师进行培训，要求掌握幼儿高热惊厥等常见突发疾病的急救方法。

5　说一说，获得家长支持

在家长会或日常交流时，老师可以根据本班实际情况与家长进行以下

沟通与提醒

开展性别教育

对幼儿进行性别教育：教导幼儿大小便的地方和胸部不能被别人看或触摸；如果有人想看或触摸，要大声拒绝，并及时告诉父母和老师。

日常检查

将幼儿的被褥拿回家清洗时，要对其进行检查，剪掉线头，避免幼儿将其缠绕在手指上。日常检查幼儿衣服上的纽扣和装饰物，如果发现松动要及时加固。

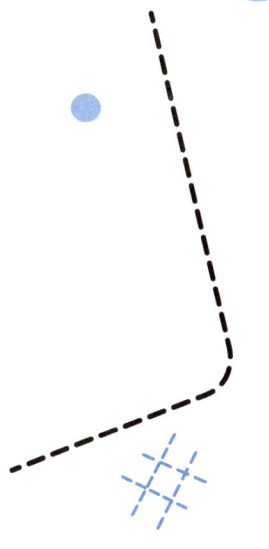

6　做一做，安全小测试

01 ／　安全小填空

- 午睡前，老师要逐一检查幼儿的_____和_____，确认没有_____和_____。

- 进睡眠室前，女孩要摘掉发卡、_____等饰品，依次放入_____中，统一保管。

- 在午睡中，老师要定时_____，检查每个幼儿的_____，发现幼儿趴睡、蒙头睡时，及时帮助调整，确保幼儿的脸露在被子外。

- 对入睡困难的幼儿，老师要_____，不能让幼儿单独活动，脱离老师的_____。

- 组织大中班幼儿午睡时，_____和_____要分区域睡觉。

02 / 安全小选择

- 在看护午睡时，老师看到尼尼没有睡着，他的手藏在被子里，仿佛在玩着什么。这时，老师应该_____。

  A. 既然他能安静地躺着，就不用去管他
  B. 用眼神示意尼尼，让他安静睡觉
  C. 走到尼尼面前，看看他在做什么

- 安安在午睡时，突发高热惊厥。这时，老师应该_____。

  A. 立即将幼儿送去保健室，让保健老师进行处理
  B. 立即按培训的急救方法进行处理，并呼叫其他老师通知保健老师
  C. 大声呼叫幼儿名字，摇晃幼儿身体，试图唤醒幼儿

- 幼儿午睡后要参加幼儿园的节目彩排，老师接到临时通知，自己班被调到第一个去彩排，在起床穿衣服环节，老师应该关注_____。

  A. 抓紧时间让幼儿穿上衣服，然后立即带队去彩排
  B. 检查幼儿裤子、鞋子是否穿反，再带队去彩排
  C. 催促穿衣慢的幼儿，让他们拿着衣服边走边穿

默念安全口令
牢记预防要点

睡前检查要仔细,
巡视观察多留意。

突发疾病须警惕,
专心值班不出去。

单元6 午睡环节 133

预防突发疾病

预防异物侵入

急救小知识

高热惊厥的应急处理办法

第一步：解开幼儿的衣领，让衣服呈宽松状态。

第二步：把幼儿的头轻轻偏向一侧，清理幼儿口中异物或分泌物，避免窒息。

第三步：在幼儿的两牙之间垫上干净毛巾。如果此时幼儿牙关紧闭，不要硬撬牙齿，可以在勺子或筷子上裹着毛巾，试着从嘴角的牙齿逐渐塞入，避免幼儿咬伤舌头。

第四步：轻轻扶着幼儿身体，避免幼儿从床上坠落，并立即将其带去医院就医。

注意事项

★ 不要使劲按住或强行掰开幼儿正在抽搐的手和脚，避免幼儿骨折。

★ 不要大声呼喊幼儿的名字，这会刺激孩子的神经，可能导致病情加重。

集体教育活动环节

单元 7

幼儿园一日生活安全管理口袋本

1　记一记，安全管理重点

预防划伤

在集体教育活动环节中，幼儿可能会使用剪刀、铅笔、纸张和图书等工具和材料。在活动开展过程中，有的老师只专注于达成活动目标，没有充分考虑工具和材料存在的安全风险。同时，有的幼儿会把剪刀等工具当作玩具，做出危险动作，划伤自己和其他人。

因此，老师需要关注提供给幼儿使用的工具和材料是否安全。那么，应该在集体教育活动中采取怎样的预防措施，以有效避免发生伤害呢？一起来学习本环节的安全管理策略吧！

2　找一找，发现安全隐患

场景	扫描危险源 （若本班无此项隐患，或园所已落实预防措施，将○涂实●）	可能导致的 事故/伤害
集体教育活动	○塑封压膜的图片等教具或活动材料的边角尖锐、有毛刺。 ・检查本班的教具和活动材料。	划伤
	○配备的剪刀不适合幼儿，或者幼儿不会正确使用。 ・回想本班幼儿使用剪刀的情况。	划伤
	○幼儿拿着剪刀、铅笔随意走动或传递。 ・回想本班幼儿的情况。	划伤

预防措施
（待老师在行为上做出改变并形成常规意识后，在□内打√）

主班老师	配班老师

□ **在制作压膜教具时，使用倒角器将尖角导成圆角；用手指滑过教具边缘进行检查，确认边缘光滑无毛刺。**
- 主、配班老师一起阅读学习案例"塑料头饰划伤额头"（第143页）。
- 若班里没有圆角倒角器，寻求跨部门协作，请后勤部门提供支持（第145页）。
- 检查现有的教具和活动材料，确认没有尖锐边角或毛刺后，在□内打√。

□ **在活动开始前，老师要给幼儿示范正确使用剪刀的方法。在幼儿使用时，关注并及时提醒幼儿相互之间保持安全距离。**
- 使用剪刀前，可以和幼儿一起朗诵儿歌，参考"使用剪刀小儿歌"（第142页）。
- 若配备的剪刀不适合幼儿使用，寻求跨部门协作，请后勤部门提供支持（第146页）。
- 向幼儿示范正确使用剪刀的方法，主动关注幼儿行为后，在□内打√。
- 对于还没有掌握剪刀使用方法的幼儿，获得家长支持：同步教导正确的方法（第149页）。

□ **老师向幼儿示范正确传递剪刀的方法。教导幼儿在走动前要先放下手中的剪刀和铅笔。**
- 使用剪刀前，和幼儿一起复习剪刀的传递方法，参考"安全传递剪刀的方法"（第142页）。
- 和幼儿开展相关主题的讨论和教育活动后，在□内打√。

场景	扫描危险源 （若本班无此项隐患，或园所已落实预防措施，将○涂实●）	可能导致的 事故/伤害
集体教育活动（续）	○幼儿凑到其他小朋友的身边，脸部碰到对方的铅笔等物品。 ·回想本班幼儿的情况。	扎伤
	○幼儿挥舞或争抢工具和活动材料。 ·回想本班幼儿的情况。	扎伤
	○老师专用的剪刀被幼儿拿到。 ·检查老师使用的工具的收纳情况。	划伤

（续表）

预 防 措 施
（待老师在行为上做出改变并形成常规意识后，在□内打√）

主班老师	配班老师

□ 老师对幼儿进行教育，提醒幼儿想看其他人作品时，互相之间不要凑得过近。
· 主、配班老师一起阅读学习案例"折纸划伤孩子眼睛"（第144页）。
· 和幼儿开展相关主题的讨论与教育活动后，在□内打√。

□ 老师要准备充足的活动材料和工具，教导幼儿不能争抢或挥舞工具和材料，如果有人挥舞时，要躲开，并告诉老师。
· 和幼儿开展相关主题的讨论与教育活动后，在□内打√。
· 对于做出危险行为的幼儿，获得家长支持：同步养成幼儿良好的安全行为习惯（第149页）。

□ 老师专用的剪刀、热熔枪等工具在使用后要及时放回教师工具箱，避免被幼儿拿到。
· 使用教师工具箱来收纳老师使用的工具，参考"教师工具箱"（第143页）。
· 若班里没有教师工具箱，寻求跨部门协作，请后勤部门提供支持（第147页）。
· 检查并确认老师使用的工具都已按规定收纳后，在□内打√。

3　用一用，安全小工具

01／　使用剪刀小儿歌

在使用剪刀前，老师可以带领幼儿一起朗诵儿歌，提醒幼儿安全使用剪刀。

小剪刀，手中拿，
专心用，小心它。
离眼睛，有距离，
用完后，送回家。

02／　安全传递剪刀的方法

- 将剪刀的刀把合拢并上；
- 用手握住刀尖的部位并朝向自己；
- 把剪刀柄朝向别人递出去。

03 / 教师工具箱

将老师使用的大剪刀、裁纸刀、热熔枪、倒角器等工具统一收纳在教师工具箱中，放在幼儿拿不到的位置。

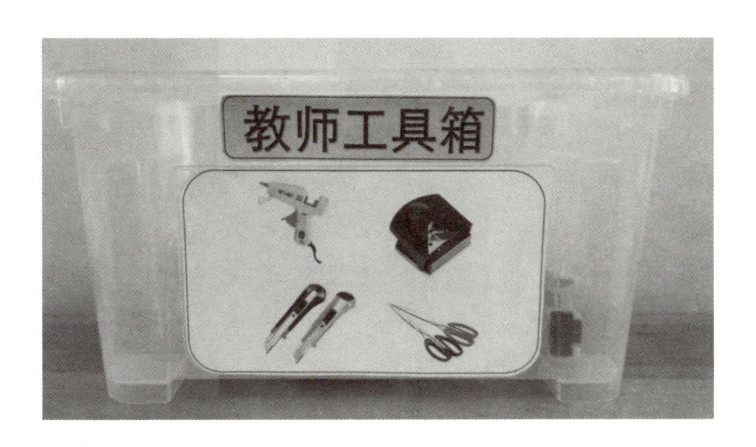

04 / 可以避免的伤害
—— 真实发生过的案例

塑料头饰划伤额头

2018年4月，南方某幼儿园小班开展音乐活动时，陈老师组织幼儿表演游戏"拔萝卜"，

> **提醒** 老师提供给幼儿的自制玩教具材料一定要确保边缘光滑，无尖角和毛刺。

丹丹扮演小老鼠的角色。在丹丹戴头饰时，陈老师发现丹丹的小老鼠头饰戴得太高了，就用手把丹丹的头饰往下拽了拽，丹丹突然大哭起来。陈老师赶紧取下她头上的头饰，看到丹丹的前额出现一道长长的血印，仔细查看发现是自制头饰的塑封边上有一个小尖刺未处理干净，划伤了丹丹。

折纸划伤孩子眼睛

> **提醒** 幼儿活动时，老师需要关注幼儿的行为，事前讲明活动规则，提醒幼儿不要挥舞手里的工具和材料，培养幼儿安全使用工具和材料的习惯。

2017年9月，北京某幼儿园大班，老师组织幼儿进行折纸活动。浩浩的同桌小宇第一个折好了纸飞机，他把飞机拿在手里前后挥舞。浩浩想仔细看看小宇的飞机，便直接把头凑了过去。没想到小宇没有停止挥舞，纸飞机一下划到了浩浩的眼睛，浩浩捂着眼睛大哭起来。老师发现后赶紧带浩浩去眼科医院。经医生检查，浩浩的左眼角膜轻微划伤。

4 谋一谋，跨部门协作

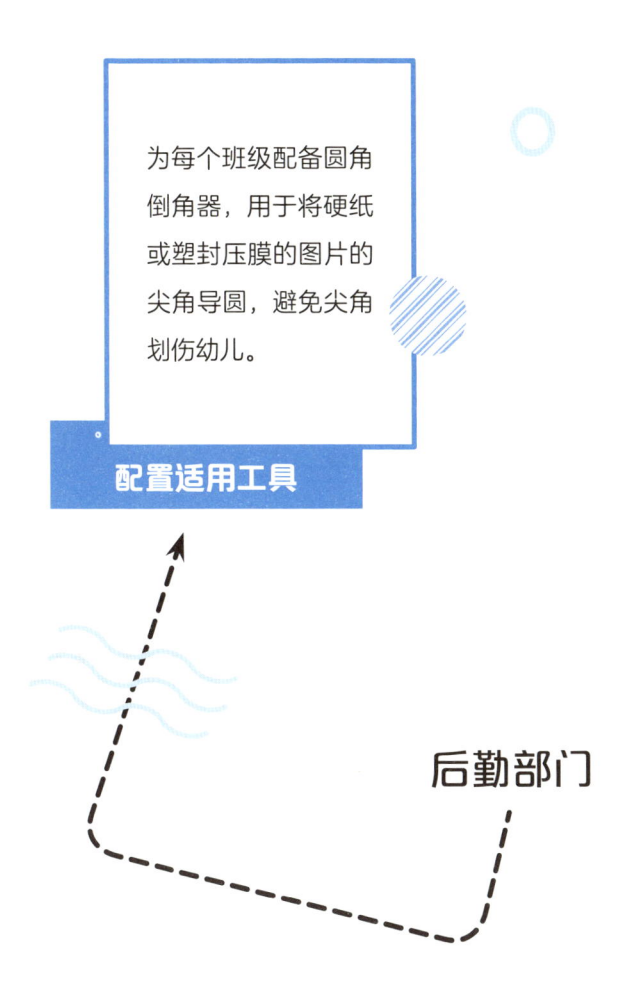

为每个班级配备圆角倒角器，用于将硬纸或塑封压膜的图片的尖角导圆，避免尖角划伤幼儿。

配置适用工具

后勤部门

配置安全剪刀

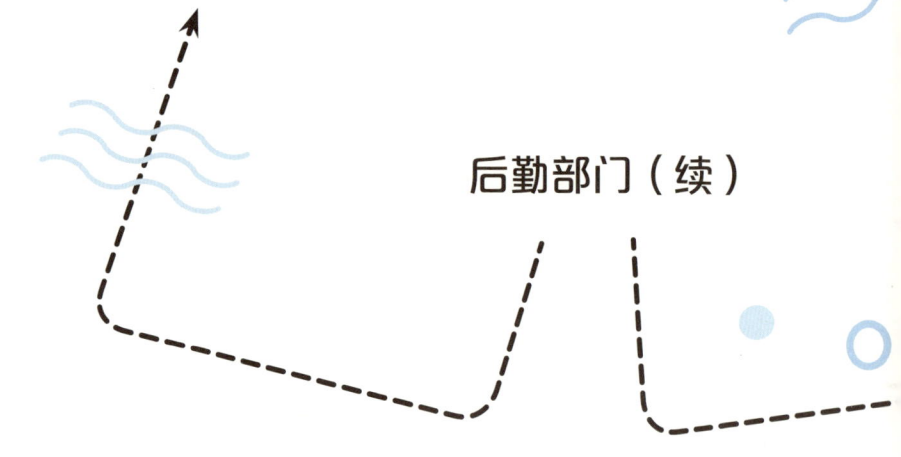

为每个班级配备儿童专用剪刀，重点关注剪刀的三个方面：1.刀尖为圆头，避免划伤；2.剪刀柄带回弹设计，让幼儿用着省力；3.为小班幼儿选择带塑料刀刃的全塑料剪刀，避免划伤。

后勤部门（续）

单元7 集体教育活动环节

配置教师工具箱

为每个班级配备教师专用的工具箱,收纳教师使用的工具。

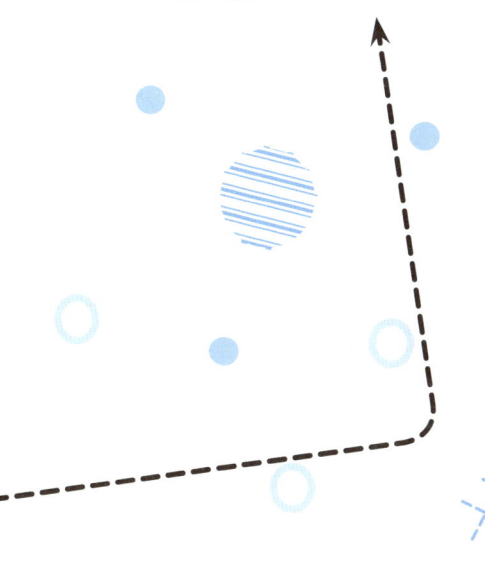

5　说一说，获得家长支持

在家长会或日常交流时，老师可以根据本班实际情况与家长进行以下

沟通与提醒

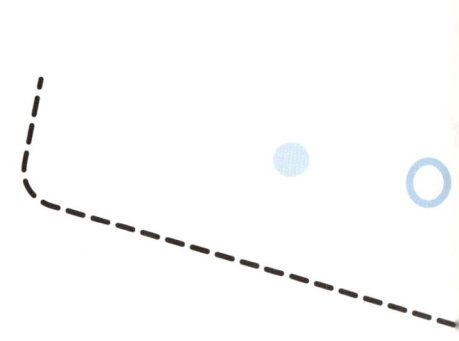

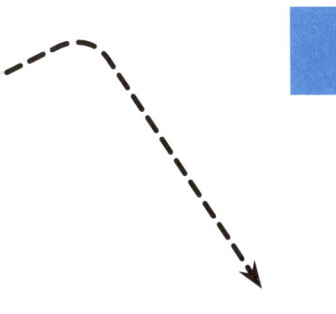

指导正确使用

对于没有掌握剪刀使用方法的幼儿，请家长配合指导幼儿学会正确使用剪刀的方法。

养成安全行为习惯

帮助幼儿养成走路时放下剪刀的习惯，教导孩子不能挥舞剪刀等工具，避免伤到自己和其他人。

6 做一做，安全小测试

01 / 安全小填空

- 供幼儿使用的教具、工具和各种材料，在使用前要进行_____检查，确保没有_____的边角和锯齿。

- 确保各种活动材料的_____充足，满足每个幼儿的使用需求，避免发生_____，导致意外伤害。

- 活动前，老师要向幼儿_____和_____工具和材料的使用方法以及_____注意事项。

- 幼儿拿着剪刀或铅笔对着自己或他人挥舞时，老师要及时发现和_____幼儿的这种_____行为。

- 老师专用的_____、热熔枪等工具在使用后要及时放回工具箱，避免被_____拿到。

02 / 安全小选择

- 在集体教育活动中，对于提供给幼儿的操作材料，老师最需要注意的是_____。

    A. 安全性、可操作性、耐用性
    B. 趣味性、可操作性、耐用性
    C. 趣味性、多样性、耐用性

- 幼儿用完铅笔后，老师引导他们安全放置的方法是_____。

    A. 笔尖朝上竖放在笔筒里，避免折断笔尖
    B. 笔尖朝同一个方向，平放在小筐里
    C. 随手把铅笔放在一旁

- 老师在进行环境创设的过程中，经常会使用到热熔枪。下列做法中正确的是_____。

    A. 一边看护幼儿，一边坐在幼儿旁边使用热熔枪进行制作
    B. 使用完热熔枪后，将其放在幼儿的桌子上
    C. 使用完热熔枪后，先将其挂在高处冷却，待其降温后再收纳

答案：
幼儿 操作 安全 正确 安全 书写 摆放 铅笔 冷却 收纳
A B C

默念安全口令 牢记预防要点

带尖材料有风险,
使用规则讲在前。

危险行为早制止,
伤害事故可避免。

单元7 集体教育活动环节　153

预防划伤

户外活动环节

单元 **8**

幼儿园一日生活安全管理口袋本

1 记一记，安全管理重点

预防跌落

平地的摔倒和高处的坠落统称跌落。户外活动中的秋千、滑梯等大型玩具，是幼儿喜欢的游戏设施。在大型玩具上，兴奋激动的幼儿会做出一些危险行为，如在滑梯上蹲着往下滑，因身体失去平衡扑出滑梯而跌落。

预防撞伤

在户外环境中，有的幼儿喜欢奔跑，他们跑着去排队，跑着去玩大型玩具，这些奔跑的幼儿容易撞到一起；有的幼儿骑车速度快，一不小心就会撞到其他人。另外，如果老师看护不到位，幼儿误入秋千的摆荡范围中，也会被秋千撞伤。

户外活动涉及多种器械和玩具，幼儿的活动范围也更广。幼儿在园发生的意外伤害大多发生在他们户外活动时，时间通常集中在每年春季的 3～4 月份。那么，应该采取怎样的预防措施，既保障幼儿的探索和运动活动，又能有效避免发生伤害呢？一起来学习本环节的安全管理策略吧！

2 找一找，发现安全隐患

场景	扫描危险源 （若本班无此项隐患，或园所已落实预防措施，将○涂实●）	可能导致的 事故/伤害
活动前检查	○幼儿的裤子前后穿反，鞋子左右穿反或鞋带没系好。 ·回想对本班幼儿着装的检查情况。	摔倒
	○活动场地凹凸不平，或有碎石块等杂物。 ·回想本班活动前的场地巡查情况。	摔倒
	○户外玩具和器械破损、开裂，连接处或与地面固定处松动。 ·检查户外玩具和器械的情况。	其他伤害

预 防 措 施

（待老师在行为上做出改变并形成常规意识后，在□内打√）

主班老师	配班老师
□帮助小班幼儿检查着装并进行调整；提醒中大班幼儿自己检查并整理着装，完成后对其进行检查。 · 与配班老师一起阅读学习案例"裤子前后穿反，玩滑梯致骨折"（第168页）。 · 连续一周对幼儿着装进行检查，形成习惯后，在□内打√。	□协助主班老师，帮助小班幼儿调整着装；对中大班幼儿着装进行检查并协助整理。 · 连续一周配合主班老师进行检查，形成习惯后，在□内打√。
□当配班老师反馈地面有不平整区域，调整活动范围并提醒幼儿注意。 · 若场地使用的橡胶地垫出现翘角或有大缝隙，寻求跨部门协作，请后勤部门提供支持（第171页）。 · 与配班老师共读此条，落实要求，形成常规意识后，在□内打√。	□活动前对场地进行巡查，若发现杂物立即清理；若发现地面不平，及时请主班老师前来确认并上报后勤部门。 · 连续一周每天主动做好此项工作，形成习惯后，在□内打√。
□当配班老师反馈户外玩具和器械有问题，经确认后立刻停止使用，并组织幼儿进行其他游戏活动。 · 与配班老师一起阅读学习案例"玩具台阶有裂缝，造成孩子摔伤"（第169页）。 · 若损坏的玩具设施没有警示标识或围挡，寻求跨部门协作，请后勤部门提供支持（第172页）。 · 与配班老师共读此条，落实要求，形成常规意识后，在□内打√。	□使用户外玩具和器械前，检查其部件是否完好、连接是否牢固。若发现有破损、断裂、松动等问题，及时请主班老师前来确认，提醒其他班级注意并上报后勤部门。 · 连续一周每天主动做好此项工作，形成习惯后，在□内打√。

〈活动前检查〉 〈活动中看护〉 〈活动后整理〉

场景	扫描危险源 （若本班无此项隐患，或园所已落实预防措施，将○涂实●）	可能导致的 事故/伤害
活动中看护	○未对幼儿提出明确的活动规则。 ·回想对本班幼儿的安全教育情况。	其他伤害
	○老师看护有盲区，未及时发现幼儿做出的各种危险动作。 ·回想活动中老师的看护情况。	其他伤害
	○幼儿做器械操时的间距过近。 ·回想本班幼儿的做操情况。	划伤
	○骑车的幼儿和其他幼儿混在同一区域里活动。 ·检查骑行分区的情况。	撞伤
	○幼儿进入秋千、荡船的摆荡区域。 ·检查摆荡区域的警戒标识。	撞伤
	○对受伤幼儿的应急处理不当。 ·回想应急处理方法的掌握情况。	其他伤害

预防措施

（待老师在行为上做出改变并形成常规意识后，在□内打√）

主班老师	配班老师

☐ **活动开始前告诉幼儿游戏玩法、器械使用规则以及安全注意事项，进行准确的动作示范。**
- 参考安全小工具"户外玩具游戏规则范例"（第162页），完善本班的户外游戏规则。若未制定户外玩具的游戏规则，寻求跨部门协作，请教部门提供支持（第174页）。
- 主、配班老师共读此条，和幼儿开展相关主题的讨论与教育活动后，在□内打√。

☐ **老师要分开站位，确保所有幼儿在看护范围中。当幼儿做出危险动作时，要及时纠正并进行个别指导，再次强调规则和要求，同时及时给予遵守规则的幼儿以表扬。**
- 主、配班老师共读此条，连续一周每天主动做好此项工作，形成习惯后，在□内打√。

☐ **做操前先检查器械，确认安全完好；组织幼儿做操时，提醒靠近的幼儿拉开间距。**
- 主、配班老师一起阅读学习案例"间隔距离近，孩子脸部被划伤"（第169页）。
- 若需确认器械的安全性或固定点位，寻求跨部门协作，请保教部门提供支持（第175页）。
- 主、配班老师共读此条，连续一周每天主动做好此项工作，形成习惯后，在□内打√。

☐ **提醒骑车的幼儿只能在骑行区域内活动，老师及时制止进入骑行区域的其他幼儿。**
- 主、配班老师一起阅读学习案例"三轮车撞伤小朋友"（第170页）。
- 如果没有单独的骑行区域，寻求跨部门协作，请保教部门提供支持（第175页）。
- 主、配班老师共读此条，连续一周每天主动做好此项工作，形成习惯后，在□内打√。

☐ **教导幼儿在看见秋千、荡船摆动时远离摆荡区域并在警戒线外活动。发现幼儿误入，及时提醒制止。**
- 如果摆荡区域没有设置警戒标识，寻求跨部门协作，请后勤部门提供支持（第173页）。
- 和幼儿开展相关主题的讨论与教育活动后，在□内打√。

☐ **对摔倒的幼儿要让他先试着自己站起来，如果不能自己站起来，老师不要去拉拽或抱起，避免造成二次伤害，要立即找保健老师；若幼儿磕碰到头颈部等敏感部位时，即使没有症状反应，老师也要加强后续观察，离园时提示家长持续关注。**
- 主、配班老师共读此条，达成共识后，在□内打√。
- 获得家长支持：关注磕碰的后续反应（第177页）。

场景	扫描危险源 （若本班无此项隐患，或园所已落实预防措施，将○涂实●）	可能导致的 事故/伤害
活动后整理	○老师未清点人数。 ·回想活动后的人数清点工作。	走失
	○未留意幼儿运动后的身体状况。 ·回想活动后的整理工作。	其他伤害

预防措施
（待老师在行为上做出改变并形成常规意识后，在□内打√）

主班老师	配班老师
□带队回班前清点人数，确认无误后在队首带回班。 连续一周每天按规定完成此项工作，形成习惯后，在□内打√。	□帮助主班老师召集幼儿和清点人数，带队回班时在队尾看护。 ·连续一周每天协助主班老师完成此项工作，形成习惯后，在□内打√。
□观察幼儿的身体和精神状态，发现异常时主动询问幼儿有没有身体上的任何不适。 连续一周每天按规定完成此项工作，形成习惯后，在□内打√。	□协助进行检查，发现异常时，及时提醒主班老师关注。 ·连续一周每天按规定完成此项工作，形成习惯后，在□内打√。

〈活动前检查〉

〈活动中看护〉

〈活动后整理〉

3　用一用，安全小工具

01／　户外玩具游戏规则范例

在幼儿户外活动前，可以和幼儿一起重温户外玩具的游戏规则，提醒幼儿遵守规则。

户外玩具和器械	可能出现的危险行为
滑梯	·上滑梯时拥挤。 ·趴着滑、站着滑、倒着往上爬。 ·停在滑梯出口不走。
秋千	·蹲、站在秋千上。 ·荡的时候手未握紧秋千绳。 ·其他幼儿进入秋千摆荡区域。

游戏规则建议

1. 排队依次上滑梯,手扶栏杆,一步步上台阶,不推不挤。
2. 在滑梯入口蹲下坐好,两腿并齐,手扶滑梯两侧滑下。
3. 准备下滑时,要和前一个小朋友拉开间距。
4. 滑到底停稳后,快速离开。

1. 秋千上每次只坐一个人,屁股要坐在座椅中间,眼睛看前面。
2. 荡秋千时,双手握紧两侧秋千绳,手指不要伸到绳链之间。
3. 其他幼儿要远离秋千摆荡区域,保持安全距离。
4. 秋千停稳后再下来。

户外玩具和器械	可能出现的危险行为
攀登架	·身体没有活动开，脚底打滑。 ·攀爬时拥挤在一起。 ·伸手够远处的横杆。
三轮车	·争抢车辆。 ·骑行过程中车速过快。 ·骑出骑行区域。
脚踏车	·争抢脚踏车。 ·骑行速度过快，失去平衡。 ·从脚踏车的前方下车，重心不稳。

（续表）

游戏规则建议
1. 开始前要进行热身活动，重点是活动好手腕、脚腕。 2. 所有幼儿从同一起点开始，统一攀爬方向，比如规定都要从左往右爬。 3. 攀爬时，双手抓牢脚踩稳，手脚不能同时移动。 4. 下来的时候，注意避开其他人，脚先踩到地面再松手。
1. 有序取车，在划定的区域内骑行。 2. 注意控制骑行速度，跟前车保持距离，转弯前要减速，骑行中避免碰撞到其他人。 3. 手要握住车把，脚踩在踏板上，不要用脚摩擦地面减速。 4. 停车时要逐步减速，慢慢骑到停车位置，停稳后再下车。
1. 单人脚踏车只能上一个人，有序取车。 2. 上车时，双脚站在踏板中央位置，脚尖朝前，双手抓住扶手。 3. 双脚交替均匀用力蹬踩，保持身体平衡。注意控制速度，沿着规定的路线骑行，避免碰撞到其他人。 4. 等车彻底停稳后，手扶着扶手，一只脚后撤落地，踩稳后再下另一只脚。

户外玩具和器械	可能出现的危险行为
跷跷板	・用力过猛，快速上升或下降。 ・没有抓紧扶手。 ・其中一名幼儿突然站起离开。
跳绳	・跳绳幼儿的间距过小。 ・拿跳绳抡着玩，或拉着跳绳跑。 ・随手把绳子扔地上，或团成一团。

（续表）

游戏规则建议
1. 两人一边一个，面朝中间，坐在座位上。 2. 双手握住把手，双脚自然垂在两侧。 3. 两个人玩的时候，要控制好力度，不能突然发力，避免下落一方落地墩伤，上升一方弹出摔倒。 4. 结束时，要先跟对面的幼儿打招呼，两人把跷跷板恢复平衡位置，每个人的双脚都落地后再离开。
1. 在老师指定的区域内跳绳，和其他幼儿保持一定间距。 2. 捋顺跳绳扭曲和打扣的地方。 3. 跳绳时双手抓紧绳把，不能抡着玩或拉着跑。 4. 结束时，按照老师要求整理跳绳。

02 / 可以避免的伤害
—— 真实发生过的案例

裤子前后穿反，玩滑梯致骨折

2016年6月，天津某幼儿园中一班正在进行户外活动，孩子们在老师组织下玩大型滑梯，于老师站在滑梯旁看护，不时提醒孩子们注意安全。这时轮到冬冬了，当他滑下滑梯准备起身离开时，突然身体失去平衡向前扑倒。摔倒过程中冬冬本能地伸出双手撑地，随后就大哭起来。于老师赶紧过来查看他的情况，冬冬说左手臂疼并不让老师碰。于老师马上找来保健老师，保健老师进行初步检查后，告诉于老师："孩子可能伤到骨头了，咱们马上送孩子去医院。孩子的裤子前后穿反了，你先带孩子去换一下。"在医院经医生检查，冬冬被确诊为左臂桡骨骨裂。事后，幼儿园对事故进行了分析，在查看监控时发现冬冬是自己摔倒的，不存在被其他小朋友推挤的情况。冬冬体型比较胖，当天穿的裤子比较瘦，再加上穿反的原因，使冬冬在滑梯上屁股无法坐稳，导致了这起意外伤害发生。

▶ **提醒** 当幼儿穿反裤子时，很容易因活动受限而摔倒。在户外活动前，老师要检查确认幼儿裤子前后是否穿对和鞋子左右是否穿对。

玩具台阶有裂缝，造成孩子摔伤

2014年6月，北京某机关幼儿园，曹老师带着小班的孩子们准备玩大型玩具。这时，她发现有两级台阶的连接处有一条小裂缝，曹老师觉得问题不大，就没有停止游戏，只是提醒孩子们上台阶要注意。班里的萌萌当天穿的是一双露脚趾的凉鞋，在她上台阶的时候，右脚的凉鞋正好卡进开裂的缝隙里，她一下摔在台阶上，结果手臂骨裂。

> **▶ 提醒** 老师如果发现户外大型玩具存在安全隐患，要立刻停止使用，组织幼儿开展其他活动并及时报修。若只靠提醒幼儿注意，并不能阻止事故发生。

间隔距离近，孩子脸部被划伤

2018年9月，河北某幼儿园大班老师在开学初自编了一套红旗操，用长筷子当作自制红旗的旗杆。编排的红旗操中，有小朋友挥舞红旗变队形、交叉跑动的动作。在排练幼儿挥舞旗子跑动的环节时，由于幼儿相互之间离得太近，男孩小科挥舞的旗杆顶部不小心刮到了旁边一名女孩的脸上，划出了一道口子，送到医院后缝合了2针，导致女孩脸上留下了疤痕。家长因此向幼儿园提出索赔要求。

> **▶ 提醒** 组织幼儿做器械操时，老师要考虑活动场地的大小，确保幼儿有足够的活动空间和安全的间隔距离。另外，要注意检查使用材料的安全性，幼儿使用的小棍小棒的直径要粗一些，且两端是光滑的。

三轮车撞伤小朋友

2016年5月，北方某幼儿园大班，王老师正组织孩子们在户外活动。王老师安排配班老师带着一部分孩子去跳绳，自己组织剩下的十几个孩子骑三轮车。她嘱咐骑车的孩子在老师周边活动，不要骑远。班里的强强特别喜欢骑车，他越骑越快，完全没有注意到旁边正在游戏的中二班小朋友。这时中二班一个男孩正好跑过来，强强来不及转向，三轮车一下子撞到了男孩的小腿上，导致男孩胫骨骨裂。

> **提醒** 幼儿园要单独划分出一个骑行区并设置边界线。老师要教导幼儿骑车时不要越过边界线，并提醒进行其他活动的幼儿不要进入骑行区域。

4　谋一谋，跨部门协作

> 每日安排安保人员巡视户外场地，确认地面平整。如果使用的是橡胶地垫，建议通过打木框等方式进行固定，避免因气温冷热变化出现伸缩，造成地垫之间翘起或有大缝隙，继而把幼儿绊倒。

每日巡视场地

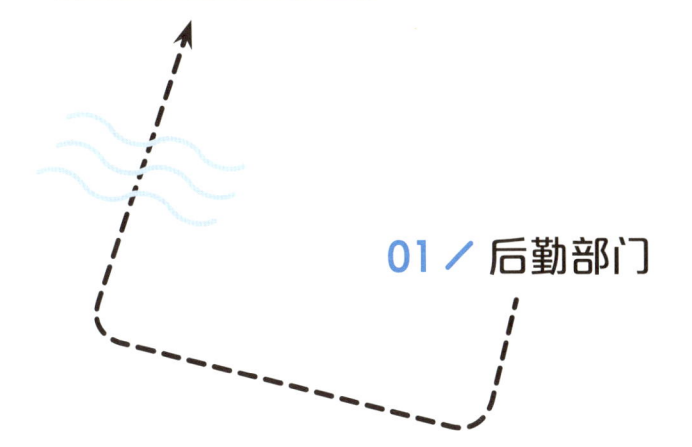

01／后勤部门

每周对户外玩具设施进行一次全面检查。对于损坏但暂时无法修复的玩具设施，要在醒目位置上悬挂"停止使用"的告示牌，在四周用警戒线进行拦挡，避免幼儿误入。

每日全面检查

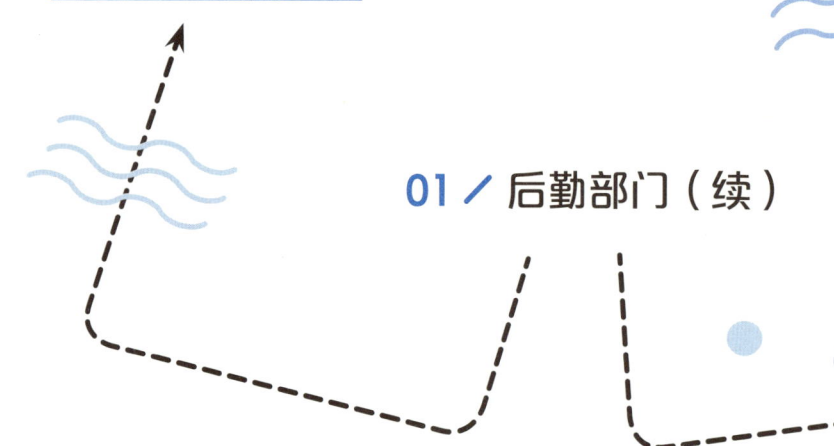

01 / 后勤部门（续）

单元8 户外活动环节　173

设置区隔

在秋千周围设置安全围挡，或在地面上喷涂警戒线，防止其他幼儿进入秋千摆动区域时被撞到。

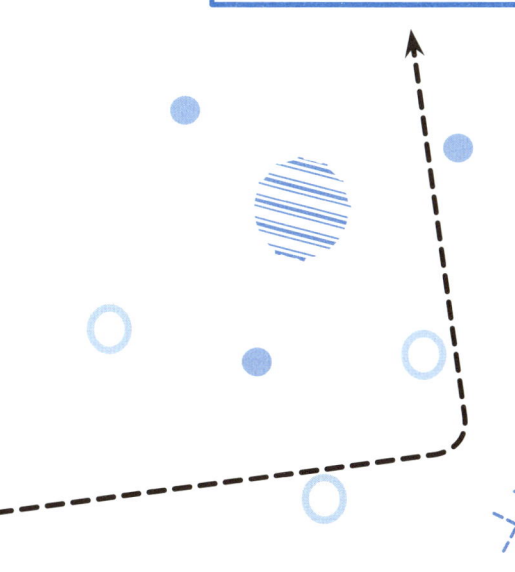

确立规则

组织老师根据幼儿可能做出的不安全行为，制定户外玩具、器械的玩法和游戏规则。

02 / 保教部门

主动检查

检查各班做操使用的器械,避免使用尖锐、沉重、有毛刺的材料。根据做操需要的安全距离,用丙烯或油漆画出地面点位。

划分区域

对户外活动场地进行区域划分,划分出专供三轮车等带轮玩具使用的活动区域,避免人车混行。

5 说一说，获得家长支持

在家长会或日常交流时，老师可以根据本班实际情况与家长进行以下

沟通与提醒

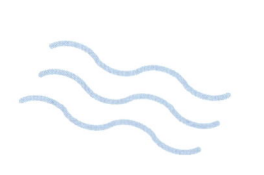

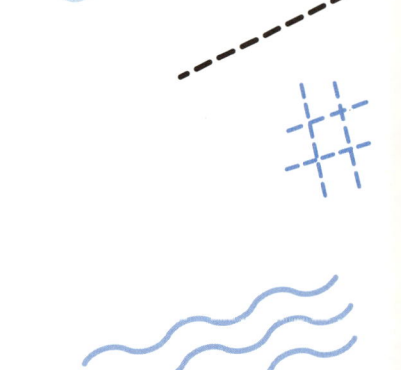

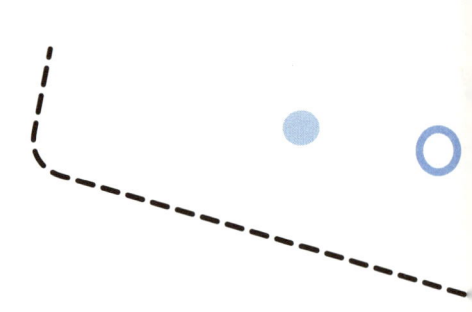

持续观察

如果幼儿在活动中曾磕碰到头颈部,在交接时及时告知家长并请其关注幼儿的后续反应。如果幼儿出现眩晕、呕吐等异常症状,应及时到医院进行检查。

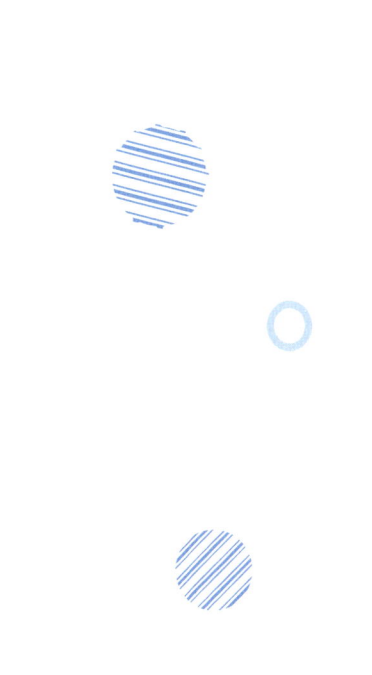

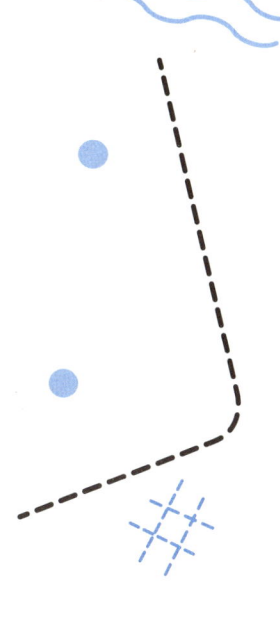

6　做一做，安全小测试

01 / 安全小填空

- 户外活动前，老师应检查幼儿裤子_____是否穿对，鞋子_____是否穿对，避免因此导致幼儿跌倒。

- 到达操场后，检查_____平整无_____，检查_____完好无破损。

- 活动开始前，向幼儿讲清游戏玩法、器械_____以及安全注意事项。

- 活动中，老师分工明确，_____站位，确保所有幼儿在_____范围内。发现幼儿做出危险行为时，要及时_____。

- 活动结束后，要及时_____，确认无误后有序带队返回教室，避免幼儿走失。

02 / 安全小选择

- 在户外活动中，诺诺一不小心跌倒，趴在地上大哭。这时，老师应该_____。

  A．鼓励幼儿自己站起来，不牵拉幼儿，并寻求保健老师帮助
  B．用手揉一揉幼儿受伤的部位
  C．赶紧把幼儿扶起来，安慰幼儿要坚强

- 在玩滑梯前，老师检查到滑梯台阶的连接处有一道裂缝。这时，正确的做法是_____。

  A．让幼儿正常玩滑梯，提醒幼儿上台阶时注意，不要踩到裂缝
  B．停止玩滑梯活动，将问题立即上报给后勤部门，并通知场地内其他班级的老师
  C．让幼儿离开滑梯，进行其他的游戏活动

- 在分散活动时，老师发现豆豆躺在草坪上看云朵，这时，老师应该_____。

  A．保护幼儿的好奇心，不过去打扰
  B．告诉豆豆周围的小朋友，小心不要踩到他
  C．立刻提醒豆豆站起来，并告诉他这样做可能会被其他小朋友踩到

答案：
A．鼓励幼儿自己站起来，不牵拉幼儿，并寻求保健老师帮助
B．停止玩滑梯活动，将问题立即上报给后勤部门，并通知场地内其他班级的老师
C．保护幼儿的好奇心，不过去打扰

默念安全口令 牢记预防要点

活动场地应平整,
石子玻璃清除净。

运动器械无隐患,
游戏规则要讲明。

危险行为要制止,
清点人数有保证。

单元8 户外活动环节　181

预防跌落

预防撞伤

区域活动环节

单元 9

幼儿园一日生活安全管理口袋本

1 记一记，安全管理重点

预防异物侵入

区域活动是许多幼儿一天中最期待的环节，因为他们可以在不同的区角中，自主选择喜欢的游戏和材料。幼儿有旺盛的好奇心和探索欲，但常常认知不到风险，因此会做出危险的行为。例如，有的幼儿会趁老师不注意，把表演服装上的小珠子抠下来放在嘴里咽下去，或者塞入耳鼻。

预防扎伤

为了满足幼儿的发展需求，老师会提供种类丰富的操作材料。可如果不事先了解因材料使用不当而带来的风险，就可能导致幼儿受伤。例如把挂钩固定在与幼儿脸部差不多高的位置，或者把仙人掌等带刺的植物置于自然角。

在区域活动环节中，老师需要关注投放的材料和幼儿的行为。那么，应该采取怎样的预防措施，以有效避免发生伤害呢？一起来学习本环节的安全管理策略吧！

2　找一找，发现安全隐患

场景	扫描危险源 （若本班无此项隐患，或园所已落实预防措施，将○涂实●）	可能导致的 事故/伤害
环境创设	○挂钩高度低于幼儿头顶。 ·检查教室里挂钩的高度。	扎伤
	○使用大头针、图钉或订书钉来固定背景墙上的装饰物，导致它们从墙上脱落后被幼儿捡到。 ·检查教室里装饰物的固定方式。	扎伤
	○行走通道比较狭窄，幼儿走动时撞到家具。 ·检查行走通道宽度。	磕碰

预 防 措 施	
（待老师在行为上做出改变并形成常规意识后，在□内打√）	
主班老师	配班老师
□ 挂钩的粘贴高度要高于幼儿头顶，同时确保幼儿伸手就可以拿到挂着的物品。 · 主、配班老师一起阅读学习案例"小挂钩勾住孩子眼皮"（第191页）。 · 确认教室里所有挂钩的高度符合要求后，在□内打勾√。	
□ 使用黏土胶、双面胶来替代大头针、图钉和订书钉。 · 主、配班老师一起阅读学习案例"孩子捡到大头针"（第192页）。 · 若班里没有黏土胶、双面胶，寻求跨部门协作，请保教部门提供支持（第194页）。 · 检查并调整班级内所有装饰物的固定方式后，在□内打√。	
□ 规划区域时，预留宽度适宜的行走通道，并保持其通畅。 · 检查教室里的家具。如果家具边角尖锐，未加装防撞角或防撞条，寻求跨部门协作，请后勤部门提供支持（第195页）。 · 调整行走通道的宽度后，在□内打√。	

〈环境创设〉　〈材料投放〉　〈观察指导〉

场景	扫描危险源 （若本班无此项隐患，或园所已落实预防措施，将○涂实●）	可能导致的 事故/伤害
角色区	○娃娃类玩具的眼睛、鼻子粘贴不牢或缝合处开线，填充物暴露在外，幼儿将这些小部件塞入口、鼻、耳中。 ·检查本班娃娃类玩具的情况。	异物侵入
科学区	○投放强力磁铁（银色的钕铁硼磁铁）。 ·检查投放的磁铁类型。	夹伤
自然角	○投放仙人掌等带刺植物。 ·检查自然角投放的植物情况。	扎伤
建构区	○积木、插装玩具、辅助材料等边角尖锐或边缘破损。 ·检查投放材料的情况。	扎伤
表演区	○表演服装上的纽扣或小亮片等装饰物松动脱落。 ·检查所有服装上装饰物的固定情况。	异物侵入
美工区	○毛根两端的铁丝外露；竹签上有毛刺。 ·检查投放的毛根与竹签情况。	扎伤
益智区	○小班投放的镶嵌材料块体小，单体厚度小于1厘米或直径小于5厘米。 ·检查玩具材料的尺寸。	其他伤害

预 防 措 施

（待老师在行为上做出改变并形成常规意识后，在□内打√）

主班老师	配班老师

☐ **使用前确认粘贴和缝合的部位都很牢固；发现松动或破损要及时替换或缝补。**
- 连续一周每天主动检查，形成习惯后，在□内打√。

☐ **投放磁力较弱的黑色磁铁（铁氧体磁铁），收回强力磁铁，避免幼儿被磁铁夹伤。**
- 收回强力磁铁，更换成适合幼儿使用的材料后，在□内打√。

☐ **投放到自然角的植物做到无毒无刺。**
- 移走带刺的植物，确认投放的植物无毒性，在□内打√。

☐ **活动前检查并清除破损的玩具。**
- 连续一周每天主动检查，形成习惯后，在□内打√。
- 在请家长提供辅助材料前，获得家长支持：入园的物品要符合安全卫生要求（第197页）。

☐ **投放前确认表演服装上的纽扣和装饰品连接牢固；投放后每周检查一次，对有松动或开线的部位进行缝补或更换。**
- 连续一周每天主动检查，形成习惯后，在□内打√。

☐ **剪掉毛根上外露的铁丝，挑走带毛刺的竹签。**
- 连续一周每天主动检查，形成习惯后，在□内打√。

☐ **检查玩具材料的大小和厚度，投放符合小班玩具要求的材料。**
- 主、配班老师一起学习使用安全小工具"小班益智区材料大小检查模板"（第190页）。
- 若玩具不适合本班幼儿的年龄特点，寻求跨部门协作，请保教部门提供支持（第194页）。
- 确认材料符合大小标准后，在□内打√。

场景	扫描危险源 （若本班无此项隐患，或园所已落实预防措施，将○涂实●）	可能导致的事故/伤害
观察指导	○老师专注于指导个别幼儿，忽略了其他幼儿的看护。 ·回想本班区域活动指导的情况。	其他伤害
	○幼儿在活动中争抢或挥舞、投掷玩具。 ·回想本班幼儿的活动情况。	磕碰
	○幼儿将小钢珠、小种子、玩具小部件等放入耳鼻或误食。 ·回想在有小部件的区域内的看护情况。	异物侵入

预 防 措 施
（待老师在行为上做出改变并形成常规意识后，在□内打√）

主班老师	配班老师

□老师进行分工，各区有专人指导。既要对个别幼儿进行指导，也要关注到其他幼儿的行为表现。
- 主、配班协商沟通，明确区域分工。试行一周，确定分工后，在□中打√。

□老师制定区域活动规则，并和中大班幼儿共同讨论，达成一致；活动中及时制止幼儿的危险行为；活动评价时，对主动遵守规则、友好协商解决问题的幼儿进行表扬。
- 主、配班老师一起学习安全小工具"区域安全提示范例"（第190页），制定适合本班情况的安全提示。
- 连续一周每天主动观察幼儿行为，形成习惯后，在□内打√。
- 对于做出危险行为的幼儿，获得家长支持：同步对幼儿进行安全教育（第197页）。

□重点看护有小部件玩具的区域，发现幼儿出现误食或将异物塞入耳鼻时，及时上报保健老师，切勿自行处理。
- 主、配班老师一起阅读学习案例"小珠子塞进耳朵"（第192页）。
- 检查班级投放材料，更换成适合本班幼儿年龄特点的玩具后，在□内打√。

〔环境创设〕　〔材料投放〕　〔观察指导〕

3 用一用，安全小工具

01 / 小班益智区材料大小检查模板

老师可以把玩具块体放在模板上，测量其尺寸是否合适。若有玩具的尺寸小于该模板，建议替换。

```
┌──────────────────────────┐
│1厘米                      │
└──────────────────────────┘
         5厘米
```

02 / 区域安全提示范例

以下是投放在各区域中常见的玩具和材料，如果幼儿使用不正确会导致危险出现，需要老师对幼儿进行针对性的安全提示。

区域	材料	对幼儿的安全提示
角色区	仿真蛋糕	仿真蛋糕是模型，不用嘴巴去咬它。
科学区	实验材料	操作时眼睛远离材料，不用小手揉眼睛。
植物角	小铲子	不对着同伴挥舞打闹，用的时候当心铲到手。
建构区	积木	玩积木要轻拿轻放，长积木要竖起来拿。
表演区	皮筋	皮筋不能绕在手指头和手腕上。
美工区	剪刀	使用剪刀要专心；与眼睛保持距离；传递剪刀柄朝外；放下剪刀再离开。
益智区	小颗粒玩具	兜里手里都不留，活动结束送回家。

03 / 可以避免的伤害
—— 真实发生过的案例

▶ **提醒** 如果要在教室内使用小挂钩，粘贴位置要高于班上最高幼儿的头顶。这

小挂钩勾住孩子眼皮

2016 年 4 月，北方某幼儿园中班，天天想去建筑区搭积木，当他蹦蹦跳跳地去拿进区牌时，突然脚下打滑，身体一下子向前扑了出去。由于

样既能确保幼儿抬手就能拿到上面挂的东西,同时也避免发生小挂钩伤人事故。

墙上小挂钩的高度低于孩子头顶位置,天天的右眼上眼睑一下子钩在了小挂钩上。老师看到后赶紧把天天解救下来,并送往医院检查。医生检查后说,天天的上眼睑内侧受伤,需要缝合2针,不过万幸的是没有伤到眼球。

孩子捡到大头针

▶ **提醒** 大头针、图钉不能在教室里使用。如果被幼儿捡到,可能会被他们放入耳鼻口中。近年来,也曾发生过幼儿把大头针吃到肚子里或吸入气管的事故。

2017年11月,北京某幼儿园小班的老师在帮助孩子们盥洗。张老师发现婷婷的右手一直攥着不肯张开,便好奇地问婷婷:"你的小手握着一个什么宝贝,可以让老师看看吗?"婷婷张开小手,张老师被吓了一跳,婷婷手里攥的是一个顶部有红色珠子的大头针。原来这是教室里装饰板上固定美术作品的大头针,因为没有固定好掉了下来,婷婷看到小红珠觉得很好看,便悄悄捡起来藏在了手里。

小珠子塞进耳朵

2016年7月,南方某幼儿园中班在进行午餐前的安静游戏。王老师发现乐乐频繁抠鼻子,便走过去问他:"乐乐,你的鼻子不舒服吗?"

▎ **提醒** 老师要检查表演服装上的装饰品等小物件，确保连接牢固、不掉落，避免幼儿捡到后塞入耳鼻口中。如果出现幼儿误食或将异物塞入耳鼻的情况，应及时上报保健老师，切勿自行处理。

乐乐低下头用手指着左鼻孔小声说："我捡到一个彩色的小珠子，把它放到鼻子里了。"王老师听到后很着急，马上通知保健老师和家长，带乐乐去医院。医生检查后说，珠子已进到孩子的鼻腔深处，最后用特殊的工具把珠子取了出来。当看到取出的彩色小珠子时，王老师一眼就认出，这是表演区里服装上的装饰品。

4　谋一谋，跨部门协作

替换图钉等物品

为每个班级配置黏土胶（蓝丁胶）、双面胶，替换掉大头针、图钉和订书钉。

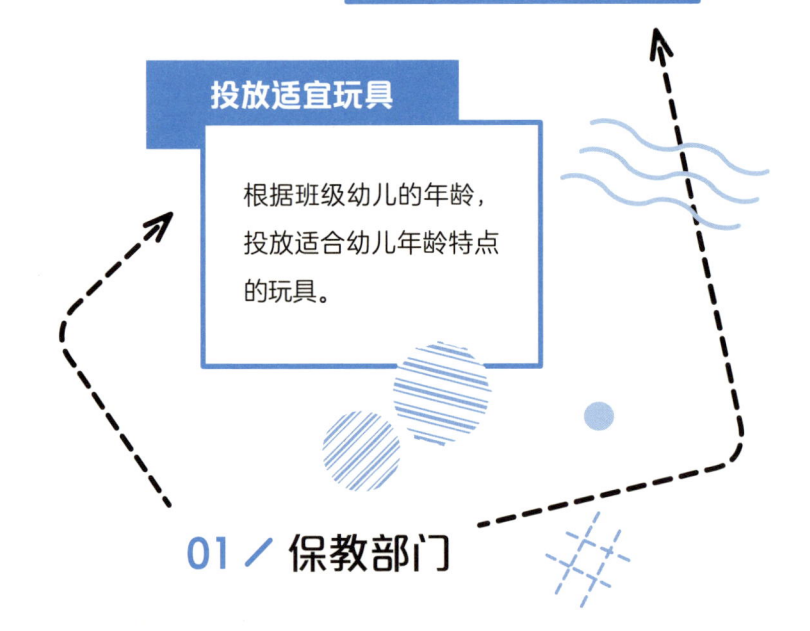

投放适宜玩具

根据班级幼儿的年龄，投放适合幼儿年龄特点的玩具。

01 / 保教部门

单元9 区域活动环节

为每个班级配置边角圆滑的家具。采购防撞角和防撞条,如果现有家具有尖锐边角,要及时进行包裹。

防撞处理

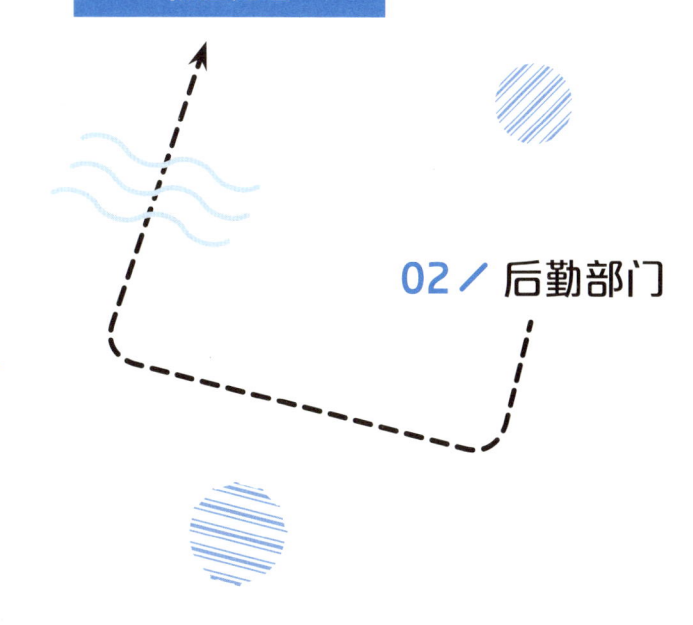

02／后勤部门

5 说一说，获得家长支持

在家长会或日常交流时，老师可以根据本班实际情况与家长进行以下

沟通与提醒

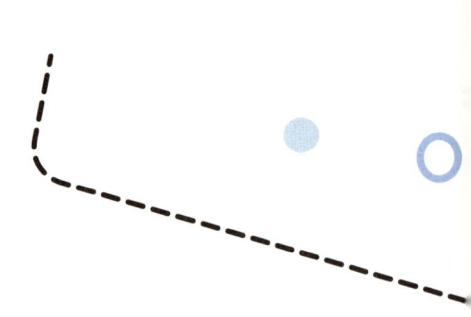

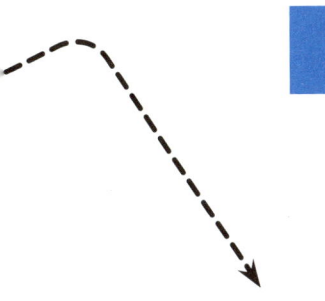

提前检查

确保幼儿带到幼儿园的游戏材料是安全卫生的，无尖锐边角。

开展安全教育

父母与幼儿一起讨论玩具玩法和安全注意事项，教导幼儿不能拿玩具对着人挥舞、投掷；玩具玩好后要放回原位，避免绊倒自己和家人。

6 做一做，安全小测试

01 / 安全小填空

- 悬挂物品的小挂钩的位置要高于幼儿_____，同时也要确保幼儿_____就可以拿到上面悬挂的物品。

- 在教室里使用黏土胶、双面胶来替代_____、_____和订书钉。

- 使用前检查毛绒玩具上的小物件，_____和_____的地方都要牢固，避免因脱落而被幼儿捡到。若发现有松动或破损，要及时_____或缝补。

- 制定区域活动规则时，老师要和中大班幼儿_____，达成一致；活动结束讨论时，对主动遵守规则、友好协商解决问题的幼儿_____。

- 重点看护有_____的区域。出现幼儿误食或将异物塞入耳鼻的情况时，应该及时上报_____，切勿_____。

02 / 安全小选择

- 自然角里的植物应该无毒无刺，下列符合要求的植物是＿＿＿。

    A. 仙人掌、绿萝、经泡发的玉米和小麦种子
    B. 多肉植物、芦荟、树叶画
    C. 白菜头、长根的洋葱头、水果娃娃

- 新学期，老师受园里委托给小班幼儿购买毛绒玩具小狗，适宜的选择是＿＿＿。

    A. 眼睛和鼻子是用小珠子贴上、有立体感的玩具小狗
    B. 眼睛和鼻子是用线绣出来的玩具小狗
    C. 价格便宜，缝合处空隙较大的玩具小狗

- 科学区投放了幼儿最喜欢的磁力玩具，但老师了解到可能会出现幼儿误吞的危险。这时，老师的正确做法是＿＿＿。

    A. 全部收起来，不让幼儿玩
    B. 老师在活动前要强调规则，在幼儿操作时重点看护
    C. 老师不用过多干预，幼儿随意玩，开心就好

答案：
仙人掌有刺，水果娃娃、长根的洋葱头、白菜头易腐烂发霉，不符合要求
B
B

默念安全口令 牢记预防要点

材料丰富种类多,
安全卫生要把握。

孩子爱藏小玩具,
谨防放入口耳鼻。

师幼共同定规则,
观察全面多留意。

单元9 区域活动环节 **201**

预防异物侵入

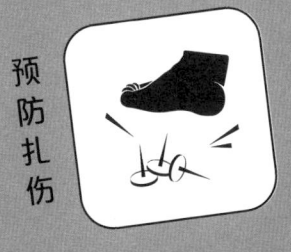

预防扎伤

离园环节

单元 **10**

幼儿园一日生活
安全管理口袋本

1 记一记，安全管理重点

预防走失

离园时，当幼儿看到班里其他小朋友被接走，心里会着急想回家，于是在老师与其他接幼儿的家长交流时，很可能趁老师不注意偷偷溜出班级，甚至独自离开幼儿园。

预防冒领

经过一天忙碌的工作，老师会略感疲惫。可如果在交接幼儿的环节放松要求，遇到陌生人或临时换人等特殊情况，处理不当就可能导致幼儿被冒领的事故发生。

幼儿走失和陌生人冒领发生的概率非常低，但是一旦发生后果非常严重。那么，应该在离园环节中采取怎样的预防措施，以保障幼儿平平安安回家呢？一起来学习本环节的安全管理策略吧！

2　找一找，发现安全隐患

场景	扫描危险源 （若本班无此项隐患，或园所已落实预防措施，将○涂实●）	可能导致的 事故/伤害
离园前的准备	○更衣区域拥挤。 ·回想本班幼儿取衣服时的秩序。	跌倒
	○幼儿比较兴奋，互相追跑打闹。 ·回想本班幼儿离园时的情况。	磕碰

预防措施

（待老师在行为上做出改变并形成常规意识后，在□内打√）

主班老师	配班老师
□组织幼儿分组取书包、外套和个人用品。 · 连续一周每天主动分组，形成习惯后，在□内打√。	□帮助维持秩序，指导幼儿整理个人物品。 · 连续一周每天主动维持秩序，形成习惯后，在□内打√。
□稳定幼儿情绪，组织各类相对安静、引起幼儿兴趣的游戏活动。 · 参考"离园平安歌谣"（第212页），和幼儿一起朗诵儿歌。 · 对离园前的游戏活动进行调整后，在□内打√。	□协助主班老师维持秩序，关注和安抚兴奋的幼儿。 · 连续一周每天主动做好此项工作，形成习惯后，在□内打√。

场景	扫描危险源 （若本班无此项隐患，或园所已落实预防措施，将○涂实●）	可能导致的 事故/伤害
离园时的交接	○与家长交接幼儿时未使用接送卡。 ·回想本班接送卡的使用情况。	其他伤害
	○没有得到家长委托，把幼儿交给其他人。 ·回想本班代接的核实流程。	冒领
	○没有得到家长委托，同意其他幼儿家长代接。 ·回想本班家长间代接的情况。	走失

预 防 措 施
（待老师在行为上做出改变并形成常规意识后，在□内打√）

主班老师	配班老师
□ 引导家长排队，凭接送卡交接幼儿，先收接送卡再将幼儿手递手交给家长。对于忘记带卡的家长，需进行交接登记并签字。 · 若没有交接凭证，寻求跨部门协作，请后勤部门提供支持（第217页）。 · 连续一周落实接送规定，形成习惯后，在□内打√。 · 获得家长支持：配合幼儿园提供接送人信息（第224页）。	□ 熟知接送卡使用流程。 · 掌握并牢记接送要求后，在□内打√。
□ 遇到其他人代接幼儿时，如果没有接到家长通知，老师立马上与家长联系并核实代接人身份。得到家长确认后，让代接人在离园登记本上登记，再交接幼儿。 · 参考安全小工具"临时换人接幼儿的核对范例"（第212页），完善本班的代接规则。 · 与配班老师一起阅读学习案例"司机谎称家长有事，试图接走孩子"（第213页）。 · 牢记代接规定，形成习惯后，在□内打√。 · 获得家长支持：配合幼儿园落实代接规定（第225页）。	□ 熟知代接流程和要求，提醒主班老师核实代接人身份。 · 掌握并牢记代接要求后，在□内打√。
□ 老师要事先向家长说明，家长之间代接幼儿要填写代接委托书，或以文字方式给老师发信息。 · 与配班老师一起阅读学习案例"同班家长代接，孩子意外受伤"（第214页）。 · 落实家长间代接规定，形成习惯后，在□内打√。	□ 熟知家长间代接的流程和要求，根据情况对主班老师进行提醒。 · 掌握家长间代接要求后，在□内打√。

场景	扫描危险源 （若本班无此项隐患，或园所已落实预防措施，将○涂实●）	可能导致的 事故/伤害
离园时的交接	○ 老师专注于与家长交流，对未接走的幼儿看护不到位。 · 回想离园环节与家长交流时的情况。	走失
	○ 未向家长交代幼儿在园磕碰、跌倒的情况。 · 回想离园环节与家长交流的内容。	其他伤害
	○ 趁老师不注意，幼儿偷偷溜出去。 · 回想本班幼儿在离园环节的情况。	走失

（续表）

预 防 措 施	
（待老师在行为上做出改变并形成常规意识后，在□内打√）	
主班老师	配班老师
□根据幼儿当日情况，计划好与家长重点交流的内容，在交接过程中进行简短交流。如果家长咨询的事项需要的交流时间较长，可以请家长等全班幼儿都接走后，再做沟通。 · 与配班老师一起阅读学习案例"老师看护有疏漏，孩子走出幼儿园"（第215页）。 · 若没有明确的幼儿走失应急处置流程，寻求跨部门协作，请后勤部门提供支持（第220页）。 · 连续一周每天有意识地控制与家长的交流时间，形成习惯后，在□内打√。	□专心看护幼儿，确保所有的幼儿都在老师的视线范围内。视情况提醒主班老师控制与家长的交流时间。 · 连续一周每天落实看护要求，形成习惯后，在□内打√。
□如果幼儿在园发生磕碰，尤其是在头部等重点部位，放学时要主动与家长交代情况，并提醒家长关注幼儿的后续反应。 · 与配班老师共读此条，达成共识后，在□内打√。	□在家长接幼儿前，主动与主班老师确认需要重点交代的事项，避免遗漏。 · 配合并提醒主班老师落实要求后，在□内打√。
□加强对幼儿的看护并在日常开展防走失教育：教导幼儿要跟着父母和老师活动；离园时看到家长来接，需要得到老师示意后再和家长一起走。 · 寻求跨部门协作，确保门卫守好最后一道关（第222页）。 · 若没有防走失的教育方案，寻求跨部门协作，请保教部门提供支持（第223页）。 · 和幼儿开展相关主题的讨论与教育活动后，在□内打√。 · 获得家长支持：同步对幼儿开展防走失教育（第225页）。	□配合主班老师，专心看护幼儿，随时清点人数。等幼儿全部离园后，再进行其他工作。 · 配合主班老师，落实要求后，在□内打√。

〈离园前的准备〉　〈离园时的交接〉　〈离园后的整理〉

场景	扫描危险源 （若本班无此项隐患，或园所已落实预防措施，将○涂实●）	可能导致的事故/伤害
离园后的整理	○未清点接送卡。 · 回想离园后接送卡的清点情况。	其他伤害
	○未履行晚接幼儿的交接手续。 · 回想晚接幼儿的交接情况。	走失

预防措施

（待老师在行为上做出改变并形成常规意识后，在□内打√）

主班老师	配班老师
□ 清点收回的接送卡，确认数量与当日出勤幼儿人数相符。 · 连续一周每天清点接送卡的数量，形成习惯后，在□内打√。	□ 复核接送卡的数量，确认数量与当日出勤幼儿人数相符。 · 连续一周每天复核接送卡的数量，形成习惯后，在□内打√。
□ 填写晚接幼儿的名单，与值晚班的老师进行书面交接。 · 连续一周落实要求，形成习惯后，在□内打√。	□ 负责关闭班级所有电源，锁好门窗。 · 连续一周落实要求，形成习惯后，在□内打√。

〈离园前的准备〉　〈离园时的交接〉　〈离园后的整理〉

3　用一用，安全小工具

01 / 离园平安歌谣

在离园前的过渡环节，老师和幼儿一起朗诵儿歌，提醒幼儿放学时要跟紧家长不走失。

放学啦，要回家。
小朋友，等爸妈。
陌生人，我不走。
与爸妈，手牵手。
和老师，说再见。
平安到家最重要！

02 / 临时换人接幼儿的核对流程范例

当老师没有接到家长通知，遇到其他人代接幼儿的情况时，按照以下流程与家长确认：

- 与家长电话联系，说明有人来代接幼儿，询问家长是否知情并同意代接。

- 如果家长同意由此人代接，请家长将代接人的个人信息——代接人姓名、与孩子关系、代接人手机号和填写好的《代接委托书》，以文字的方式发到老师的手机上。
- 老师对代接人进行信息核对，如果与家长提供的信息一致，方可把幼儿交给代接人。

《代接委托书》范例

___年___月___日，_____班级_____幼儿家长因临时情况，不能按时来园。特此委托_____今日临时来园接幼儿。交接幼儿后的安全责任，由代接人负责。

---

03 / 可以避免的伤害
—— 真实发生过的案例

司机谎称家长有事，试图接走孩子

2014年6月，南方某镇办幼儿园，小班幼儿菲菲经常由自家工厂里的司机陪着爸爸或妈妈来接。

这天还未到放学时间，司机独自来接菲菲，

告诉老师孩子家里有急事，父母让他来代接孩子。主班陈老师迟疑了一下说："等一会儿，我给孩子收拾一下书包和带走的作品。"司机听到后急忙说不用拿了，我们要赶快走。陈老师觉得不对劲，就悄悄告诉配班成老师，让她给菲菲父母打电话确认一下，电话里菲菲爸爸急切地告诉老师，千万不能把孩子交给司机，因为他中午刚被辞退。

陈老师了解情况后，婉言告诉司机，菲菲爸爸交代过，如果家里换别人接，一定要给他爸爸打个电话，司机听到这里，扭头就往外走，边走边说："你们这儿事真多，还不相信我"。

> **提醒** 当老师没有接到家长通知，遇到其他人代接幼儿时，一定要按照流程与家长核实确认。

同班家长代接，孩子意外受伤

2015 年 3 月，南方某幼儿园中二班的萱萱和豆豆是好朋友，两个人经常在一起玩耍，两家父母也很熟悉。这天萱萱妈妈来接孩子时，萱萱想和豆豆一起出去玩，萱萱妈妈对于老师说："我想把豆豆一起接走，就让他俩到门口玩会儿，豆豆妈妈一会儿就来。"于老师觉得两家关系确实不错，以前豆豆妈妈也委托萱萱妈妈代接过孩子，就同意了。豆豆和萱萱在幼儿园门口玩耍时，左

> **提醒** 班里都会有关系非常好的家庭，但是老师不能因为幼儿的父母相熟，就在没有委托的情况下，把幼儿交给其他代接的家长。

眼被其他小朋友扔的石块击中，造成眼伤并影响到视力。豆豆的家长以幼儿园失责，未经家长允许把孩子交给其他人造成伤害为由，把幼儿园告上了法庭。

老师看护有疏漏，孩子走出幼儿园

2014年6月的一天，北方某企业幼儿园到了离园时间，刘园长办公室的门突然被小一班的主班张老师推开，她哭着告诉刘园长，班里的程程丢了，刘园长忙让张老师仔细回忆最后看到孩子的时间。张老师说："大概在5点10分，孩子们都快被接走了的时候，我跟一个家长正在交流孩子教育的事情，当时程程还在我身后转来转去。等班里孩子都被接走后，我突然想起今天程程家长交代要晚接，就问配班李老师是否看到了程程。李老师说刚才忙着搞卫生，没注意到程程。我们赶紧在各个教室和操场寻找，找了十多分钟也没发现孩子，所以赶紧来向您汇报。"

刘园长立即让各班抽出一位老师，加上办公室的管理人员一起找程程。老师们挨个教室查找，管理人员则围着操场搜寻。突然一位老师提出，孩子会不会已经走出幼儿园了，说完便骑着车往小区门口赶去。过了一会儿，老师给园长打来电话，说孩子找到了，就在小区大门口，保安看到要独自走出小区的程程便给拦下了。

　　事后进行原因分析，从监控中看到在张老师与家长专注地交流时，程程趁老师没注意，悄悄地从教室门口溜了出去。在大门口，他跟在一个小朋友身后，随着其他家长走出了幼儿园大门。

> ▶ **提醒**　主、配老师在交接时要分工明确，主班老师与家长的交流要简短，配班老师要专心看护没有接走的幼儿。若发现幼儿不见了，要第一时间上报园领导。

4　谋一谋，跨部门协作

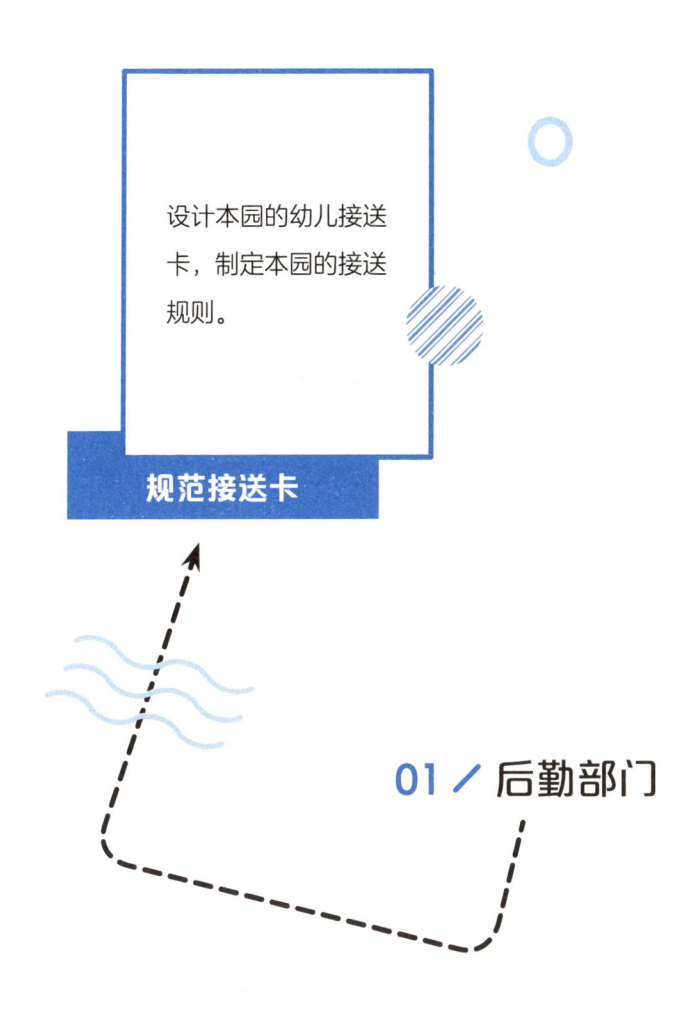

规范接送卡

设计本园的幼儿接送卡，制定本园的接送规则。

01 / 后勤部门

（范例）

_____幼儿园接送卡

园方盖章_____

家长签字_____

签发日期_____

幼儿照片

（范例）

家长须知

1. 每天固定专人接送幼儿，必须持卡。
2. 送幼儿时，将此卡取走；接幼儿时，须出示此卡，并交到老师手中。
3. 如委托他人接幼儿，请提前与老师联系，提供代接人信息。代接人凭有效身份证件，登记后接领幼儿。
4. 接送卡如遗失、损坏，请速与园方联系，退卡需签字并备案。
5. 幼儿园联系电话：xxx-xxxxxxxx。

01／后勤部门（续）

制定走失预案

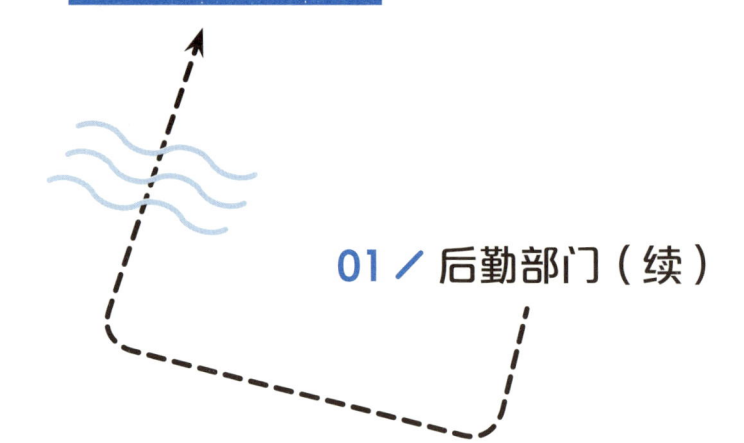

针对可能出现的幼儿走失事件，制定《幼儿走失应急处置流程》，对老师进行培训和演练。

（范例）

幼儿走失应急处置流程

1. 班级老师发现幼儿走失后，马上查找本班所有区域。如果没有找到要立即向园长汇报，并将走失幼儿的照片（最好是当日的）、姓名、性别、当日着装、外貌和发型特点发到全园群中。另外，可以询问经常和走失幼儿一起玩的小伙伴的家长，幼儿是否跟他们在一起。
2. 后勤主任与监控管理员两人共同调取监控录像，确定幼儿是否离开幼儿园，发现幼儿去向后上报园长。
3. 当发现幼儿独自离开幼儿园时，立即派出园外寻找组，每组 4 人，以幼儿园大门为中心，每个小组分别向东、南、西、北四个方向进行追寻。如果遇到岔路口，小组人员再分开寻找。
4. 如果幼儿园在小区内，立即派出人员，快速赶到小区各个大门口把守，同时通知小区门口保安，发现幼儿要立即拦截。
5. 在寻找幼儿的同时，要将幼儿走失情况电话通知家长，请家长在家里留人。根据情况及时向派出所报警，并按要求向上级主管部门汇报。

门卫要检查确认一个家长带一名幼儿成对离园；若发现有家长带两名幼儿离园，要询问清楚；发现独自离园的幼儿，要立即拦住并上报园领导。

确定门卫职责

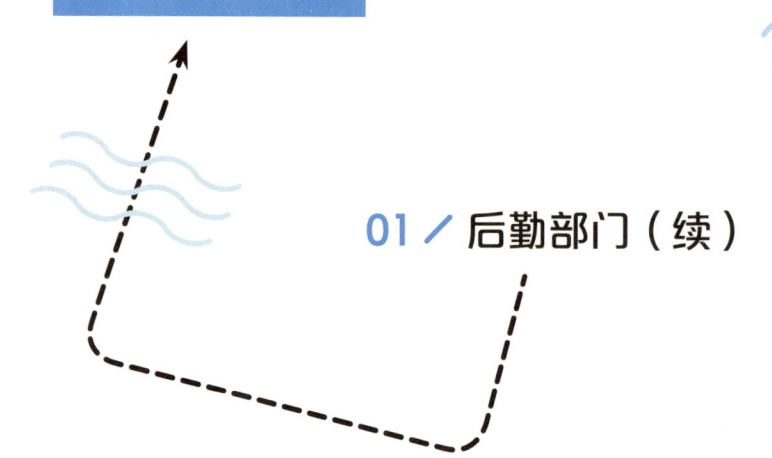

01／后勤部门（续）

开展安全教育

开展对幼儿的防走失安全教育主题活动,教导幼儿不跟陌生人走、不吃陌生人给的东西;只有当家长来接时才能离开幼儿园,不能独自跑出去。

02 / 保教部门

5 说一说，获得家长支持

统计新生信息

在新生入园的家长会上，请家长填写固定接送幼儿的人员信息，包括接送人姓名、与幼儿的关系等。提醒家长如果联系方式发生变更，请及时告诉所在班级的老师进行更新。

在家长会上或日常交流时，老师可以根据本班实际情况与家长进行以下

沟通与提醒

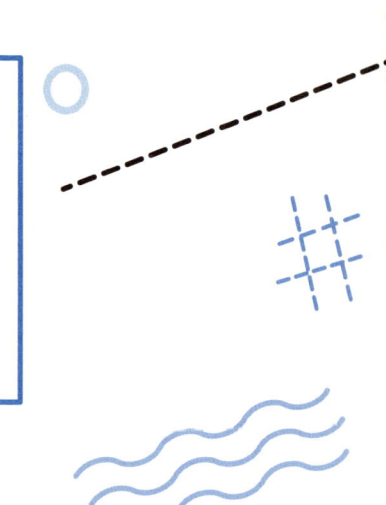

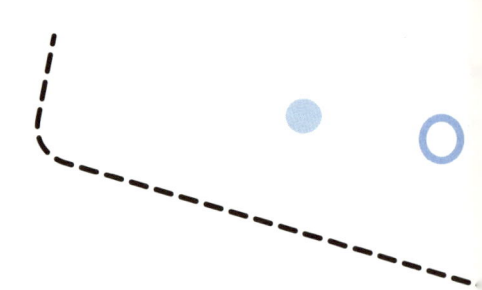

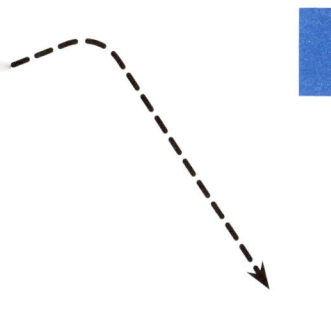

遵守园所规定

幼儿园不允许以下三类人接走幼儿：未成年人、未通知老师的临时代接人和未通知老师的家长之间代接。如果因父母离异涉及幼儿的接送权，请与老师单独沟通。

开展安全教育

教导幼儿要在大人视线范围内活动，不独自离开。帮助幼儿记住自己的家庭住址、父母姓名和电话号码。

6　做一做，安全小测试

01／　安全小填空

- 离园前，老师要稳定幼儿情绪，组织各类相对＿＿＿＿的游戏活动。

- 不允许以下三类人接走孩子：＿＿＿＿、未通知老师的＿＿＿＿和未通知老师的家长之间代接。

- 如果幼儿在园发生磕碰，尤其是在头部等重点部位，在放学时要主动与家长＿＿＿＿，并提醒家长关注幼儿＿＿＿＿。

- 老师与家长＿＿＿＿交接幼儿，避免幼儿走失。

- 遇到家长提出需要＿＿＿＿咨询的问题，请家长等待至交接全部结束后，再深入沟通。

02 / 安全小选择

- 离园时，媛媛妈妈告诉老师要把同班的依依一起接走，两个孩子要一起玩。这时，老师应该_____。

    A. 婉言谢绝媛媛妈妈，没有依依家长的委托书不能接走依依
    B. 因为以前两个家长都互相代接过幼儿，所以同意媛媛妈妈把依依接走
    C. 按照媛媛妈妈的建议，先接走依依，再等依依妈妈补办代接委托书

- 在离园的交接幼儿环节，亮亮妈妈想详细了解自己孩子今天在园的情况。这时，老师应该_____。

    A. 仔细回忆幼儿今天的各项情况，耐心地为亮亮妈妈解答
    B. 请亮亮妈妈在旁边稍等，待所有幼儿离园后，再做深入交流
    C. 简单回答一下，说今天都挺正常的，没什么特别

- 今天来接小石头的人，虽然拿着接送卡，但是老师以前没有见过，经询问，来人说是石头爸爸的同事。这时，老师应该_____。

    A. 联系小石头的爸爸进行确认，并让他把代接信息填好后发过来
    B. 让小石头辨认一下，是否认识这个叔叔，如果认识就可以带走小石头
    C. 把小石头直接交给来者

答案：
A 长时间
B 主要是
A 代接确认

默念安全口令 牢记预防要点

环节过渡准备好，
安稳情绪很重要。

接领孩子须核实，
交接谨慎防走失。

意外磕碰交代全，
平平安安把家还。

单元10 离园环节　229

预防走失

预防冒领

我的专属安全管理提醒表

本书从幼儿园的各种场景中总结了诸多危险源及其对应的预防措施，通过事先消除隐患就可以有效实现减少幼儿园内幼儿伤害事故发生的目的。

同时，也有一些涉及幼儿日常看护和组织的行为需要老师持续在每一天、每一次活动时进行关注。老师可以借助下面的表格创建自己的日常安全管理提醒表，让这个提醒表更适合自己园所、班级的实际情况。

将各个环节和场景中，你认为需要在日常提醒自己关注的安全管理措施，填入到表格中，然后通过勾选清单上的项目来提高日常工作中的安全意识、落实常规性的安全管理措施。

可以试着这样做

1. 将前文中提到的需要日常关注的安全事项，或者本书中没有提到的其他日常性安全管理措施，填写至后页表格中。
2. 将此表格张贴在幼儿园内对应场景的醒目处，按一定的时间周期进行勾选，以此提高你的日常安全意识、养成安全行为习惯。
3. 此表格可以重复使用。

场景	扫描 危险源	可能导致的 事故/伤害	日常安全管理措施 （完成后在□内打√）	
			主班老师	配班老师
			□	□
			□	□
			□	□
			□	□
			□	□

填写日期：

执行人签字：主班老师_____，配班老师_____

图书在版编目（CIP）数据

看得懂，做得会：幼儿园一日生活安全管理口袋本 / 李娟梅，许同昇著. — 上海：华东师范大学出版社，2022
 ISBN 978-7-5760-2840-9

Ⅰ.①看… Ⅱ.①李… ②许… Ⅲ.①安全教育-学前教育-教学参考资料 Ⅳ.①G613.3

中国版本图书馆CIP数据核字(2022)第071202号

看得懂，做得会：幼儿园一日生活安全管理口袋本

著　　者	李娟梅　许同昇
插　　画	李雅瑶
责任编辑	沈　岚
特约审读	王　杉
责任校对	樊　慧　时东明
装帧设计	冯逸珺　卢晓红

出版发行	华东师范大学出版社
社　　址	上海市中山北路3663号 邮编 200062
网　　址	www.ecnupress.com.cn
电　　话	021-60821666　行政传真 021-62572105
客服电话	021-62865537　门市（邮购）电话 021-62869887
地　　址	上海市中山北路3663号华东师范大学校内先锋路口
网　　店	http://hdsdcbs.tmall.com/

印刷者	苏州工业园区美柯乐制版印务有限责任公司
开　　本	889毫米×1194毫米　1/32
印　　张	7.25
字　　数	146千字
版　　次	2022年11月第1版
印　　次	2022年11月第1次
书　　号	ISBN 978-7-5760-2840-9
定　　价	40.00元

出版人　王　焰

（如发现本版图书有印订质量问题，请寄回本社客服中心调换或电话021-62865537联系）